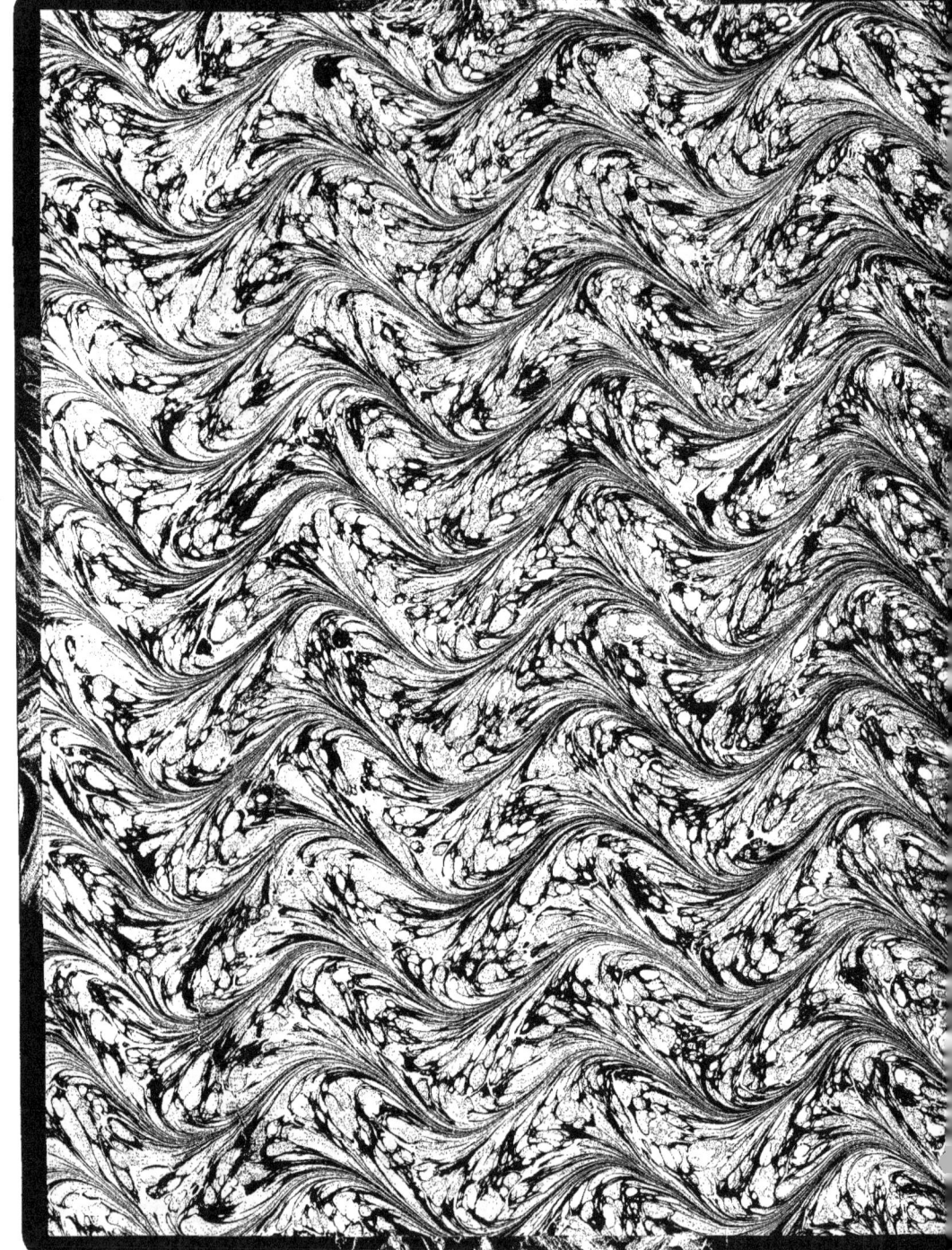

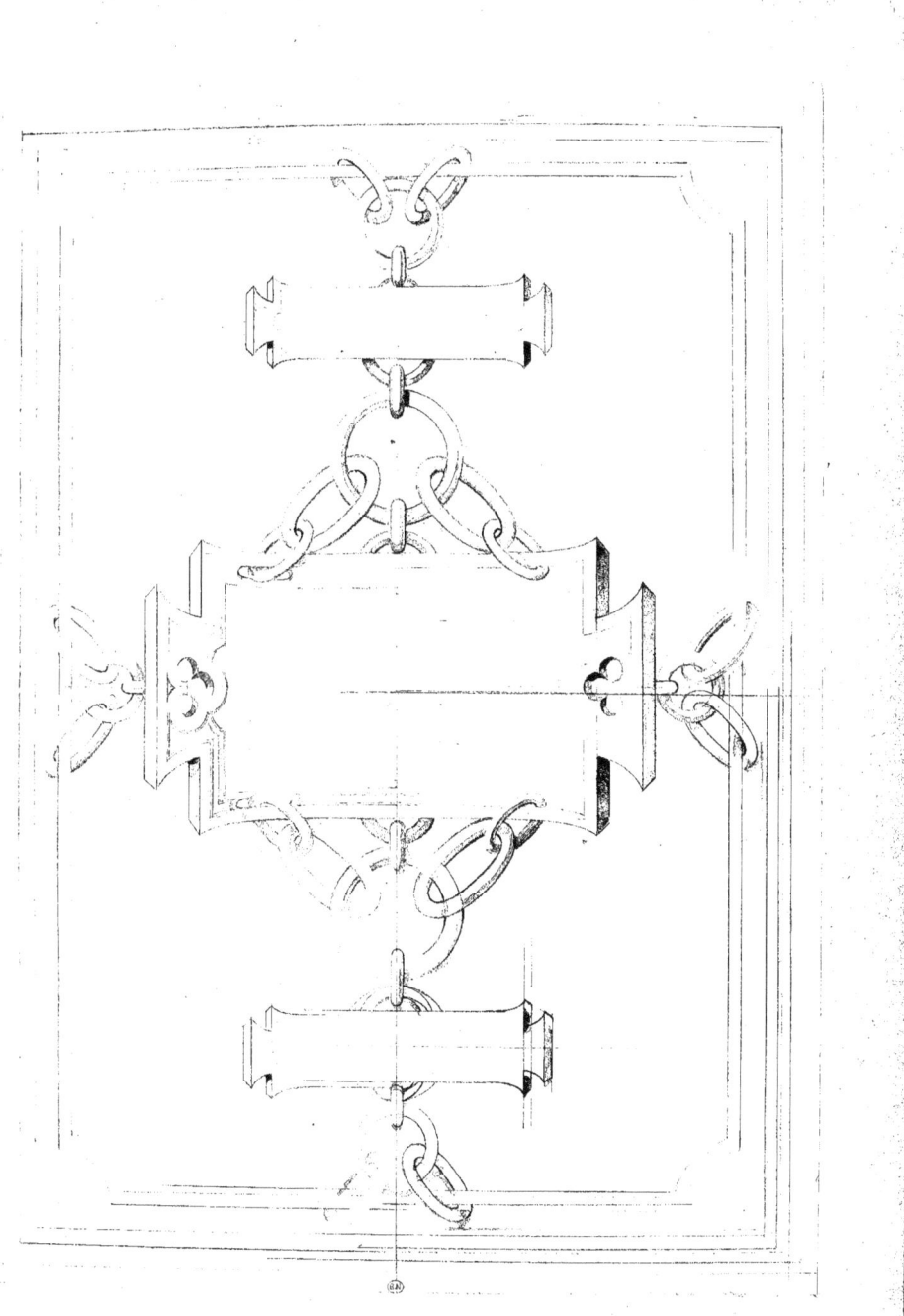

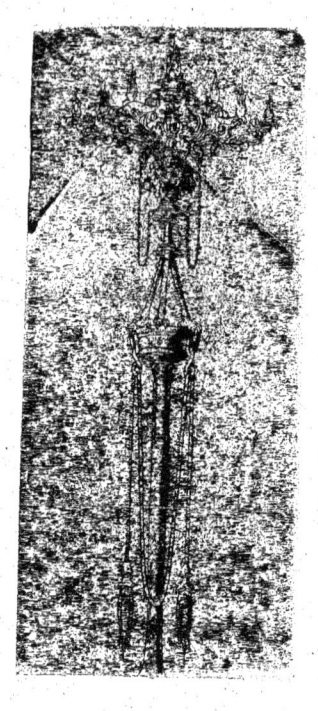
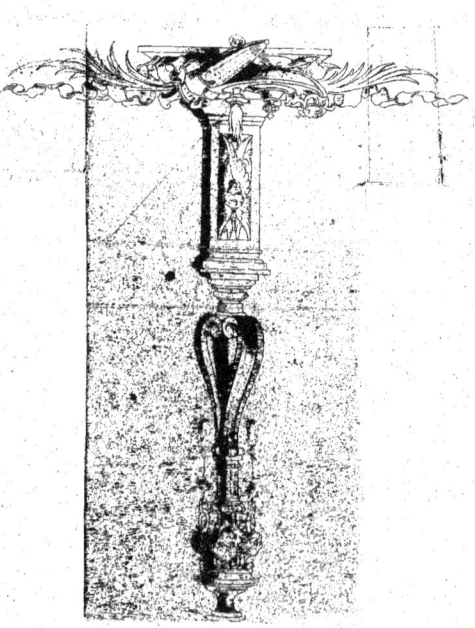

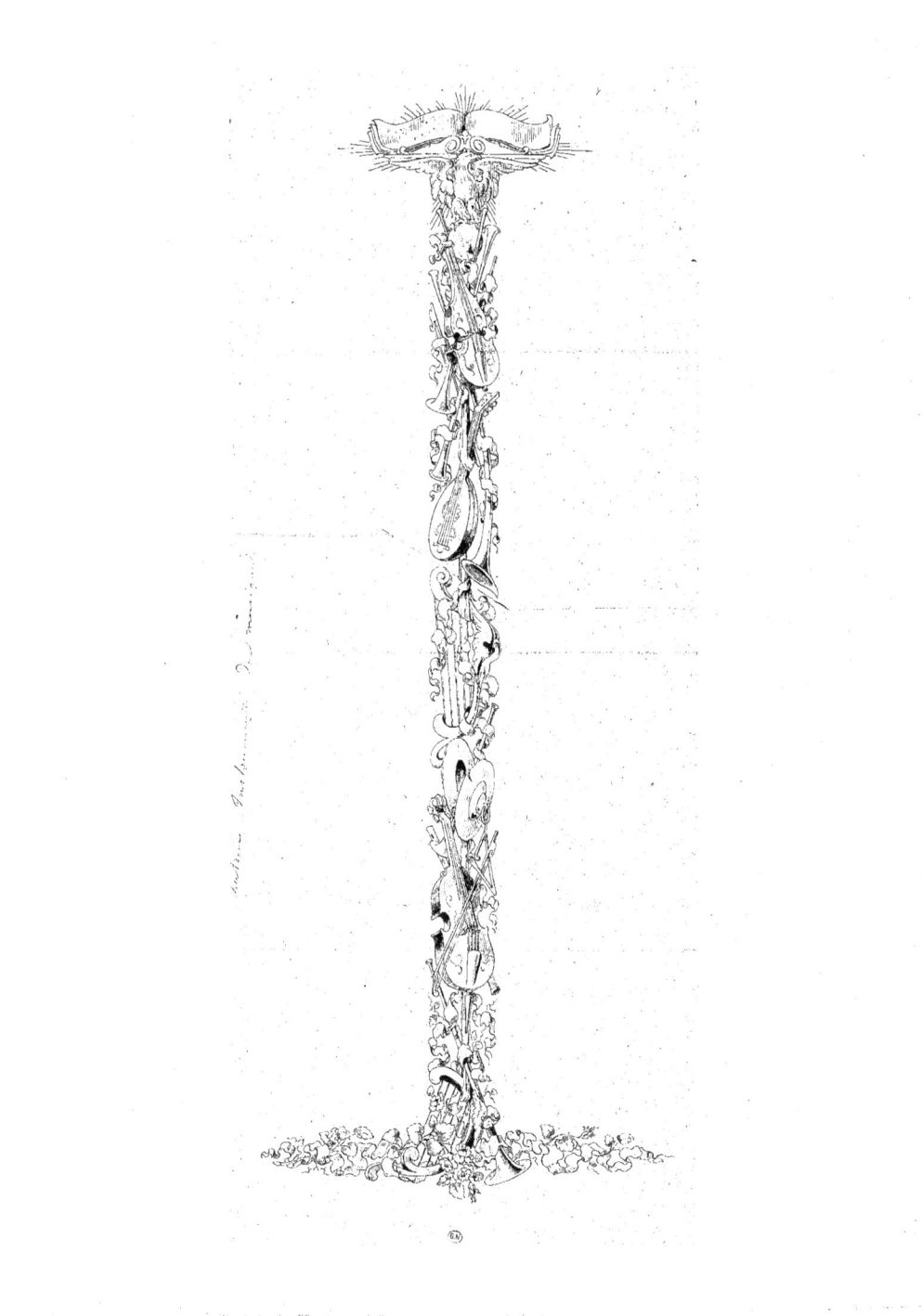

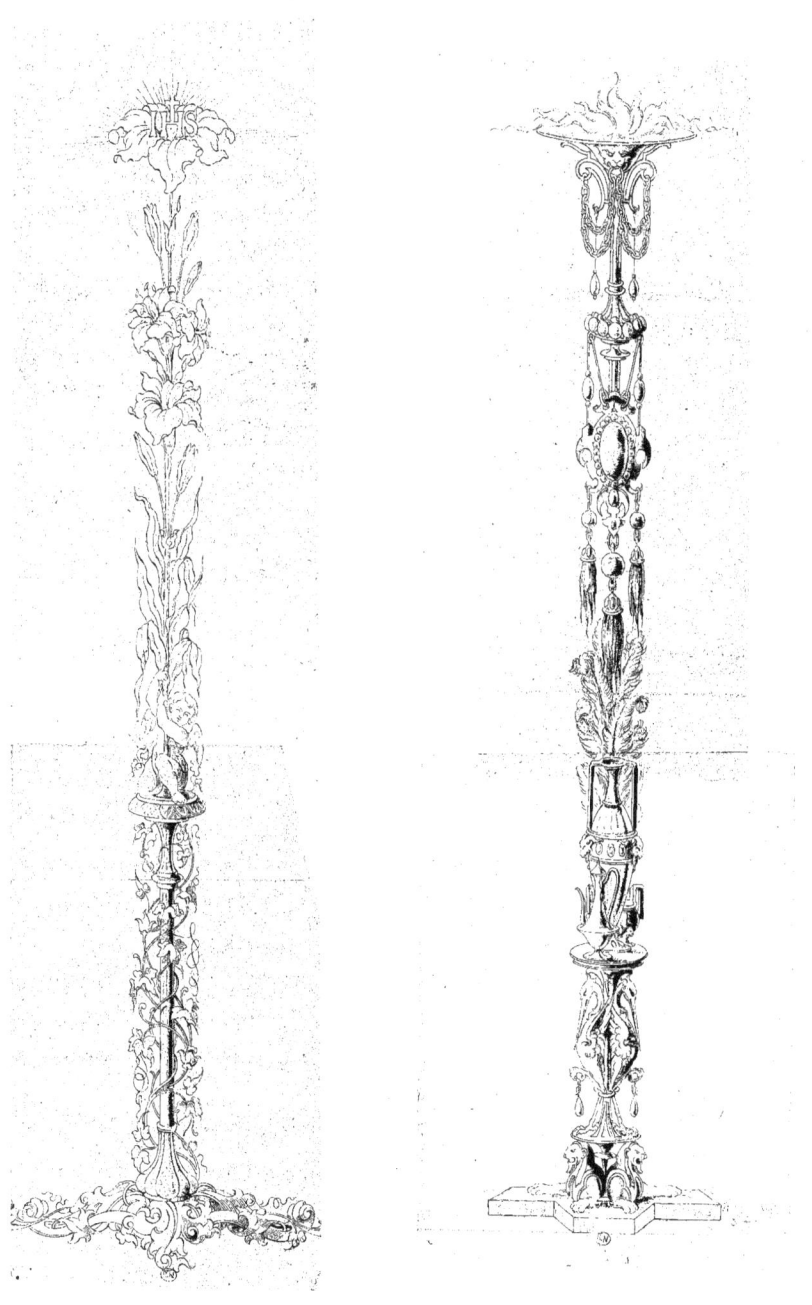

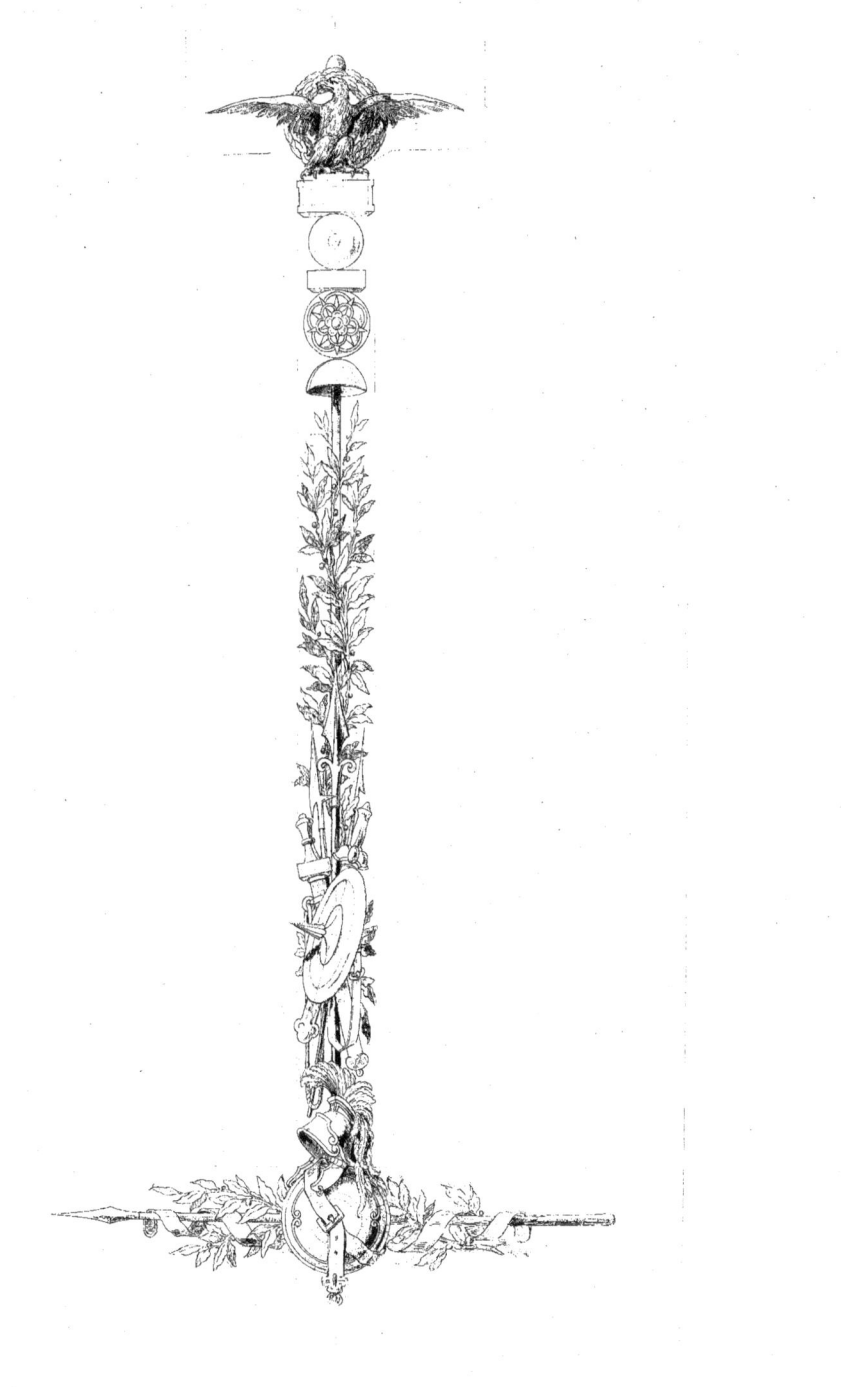

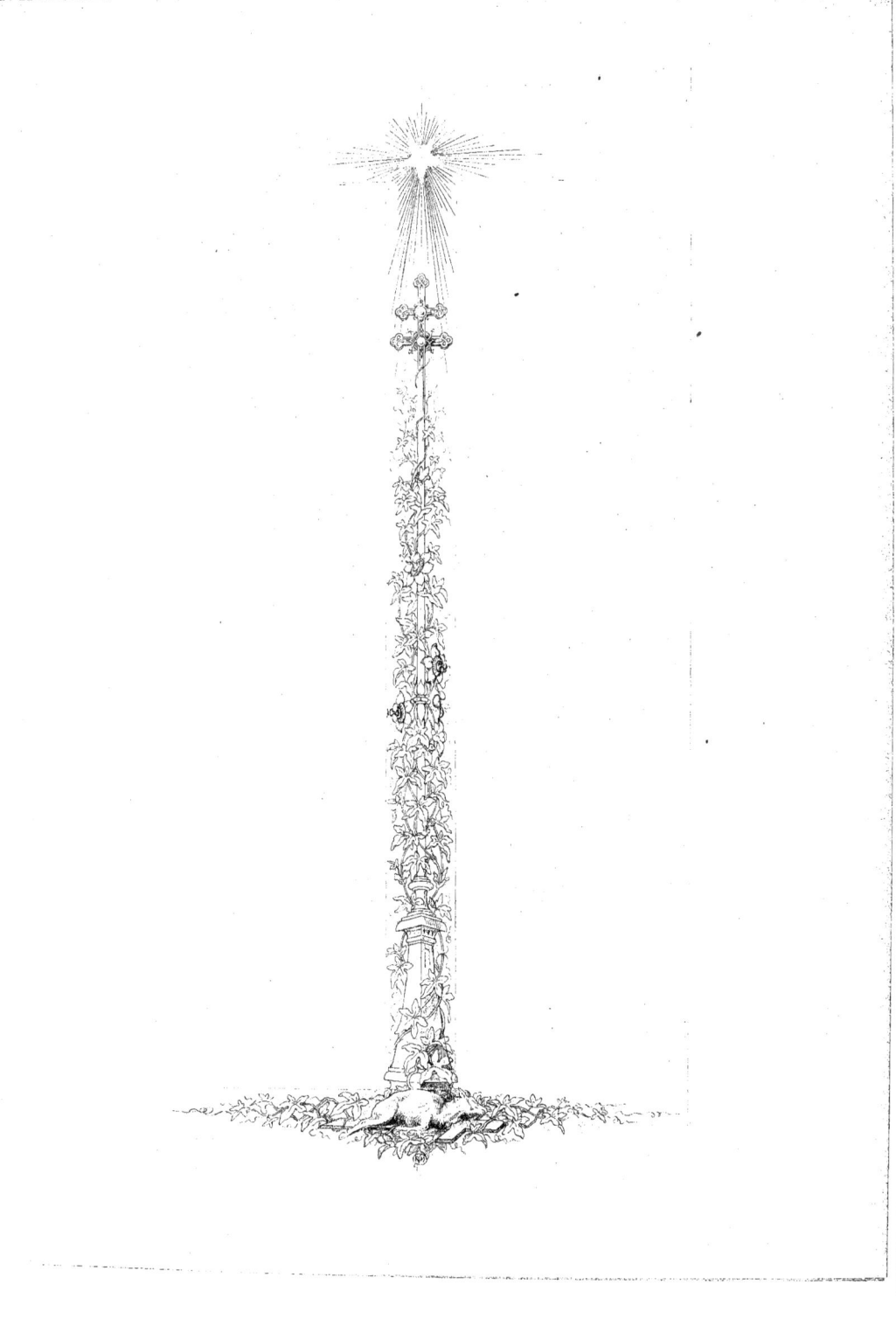

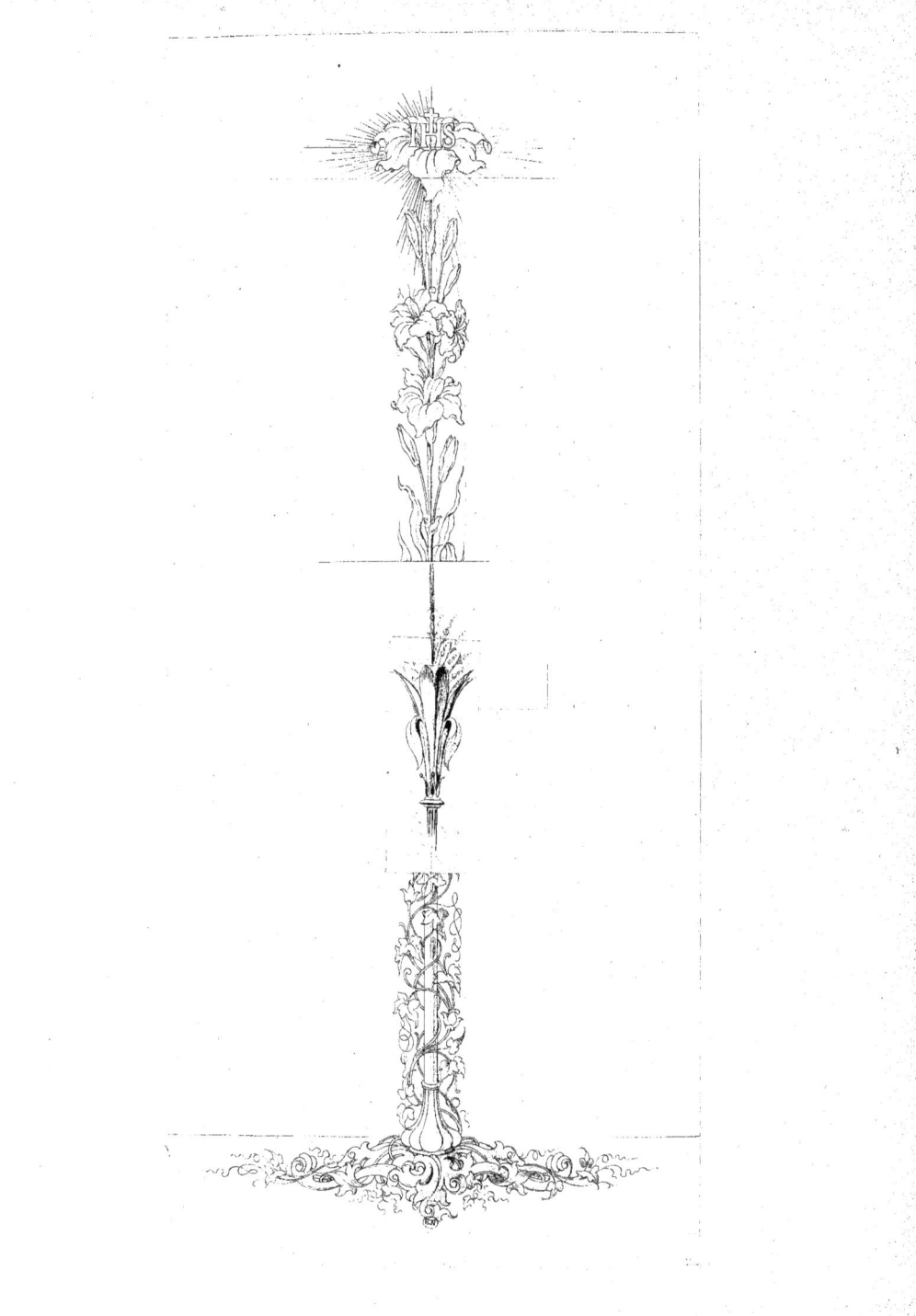

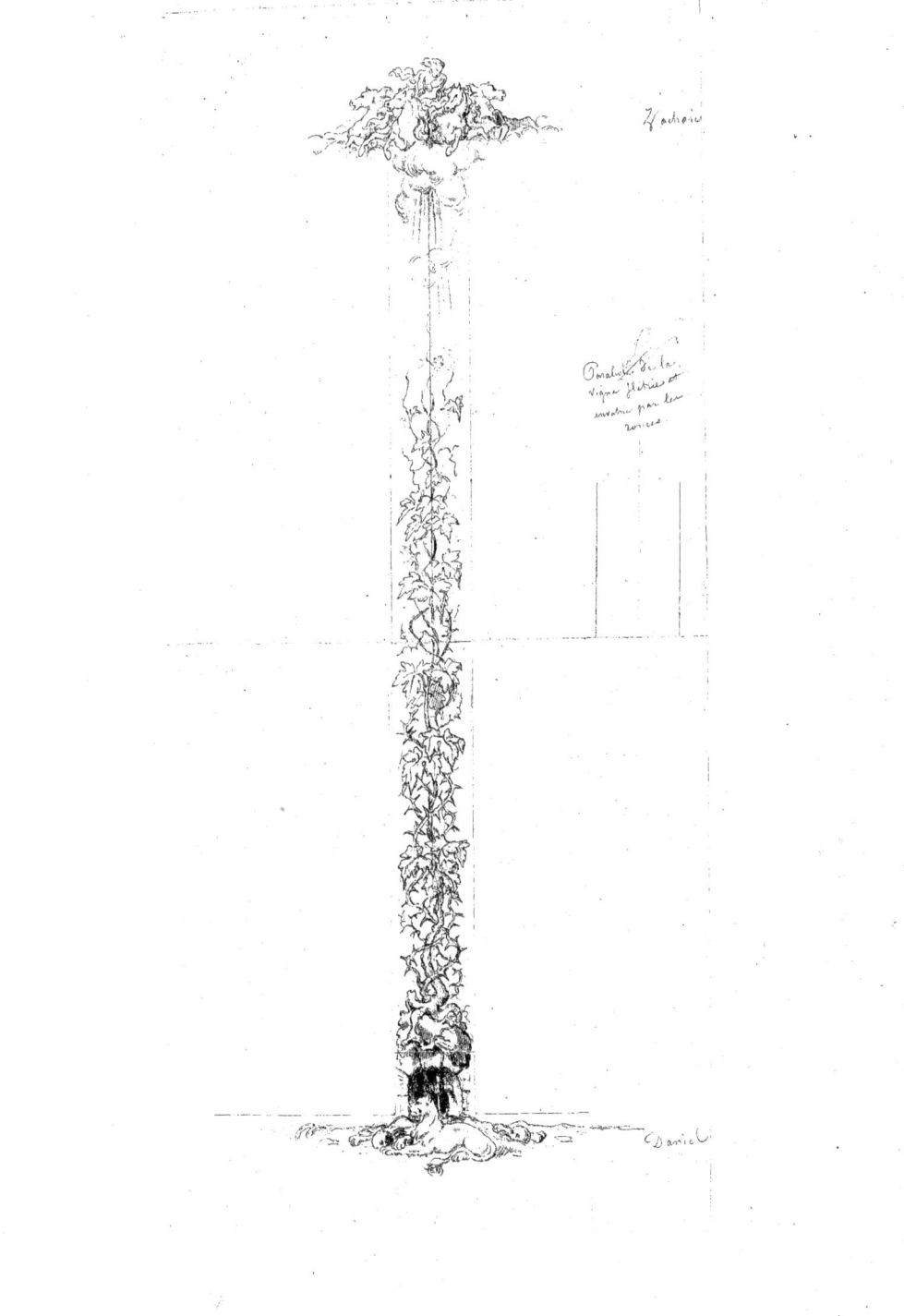

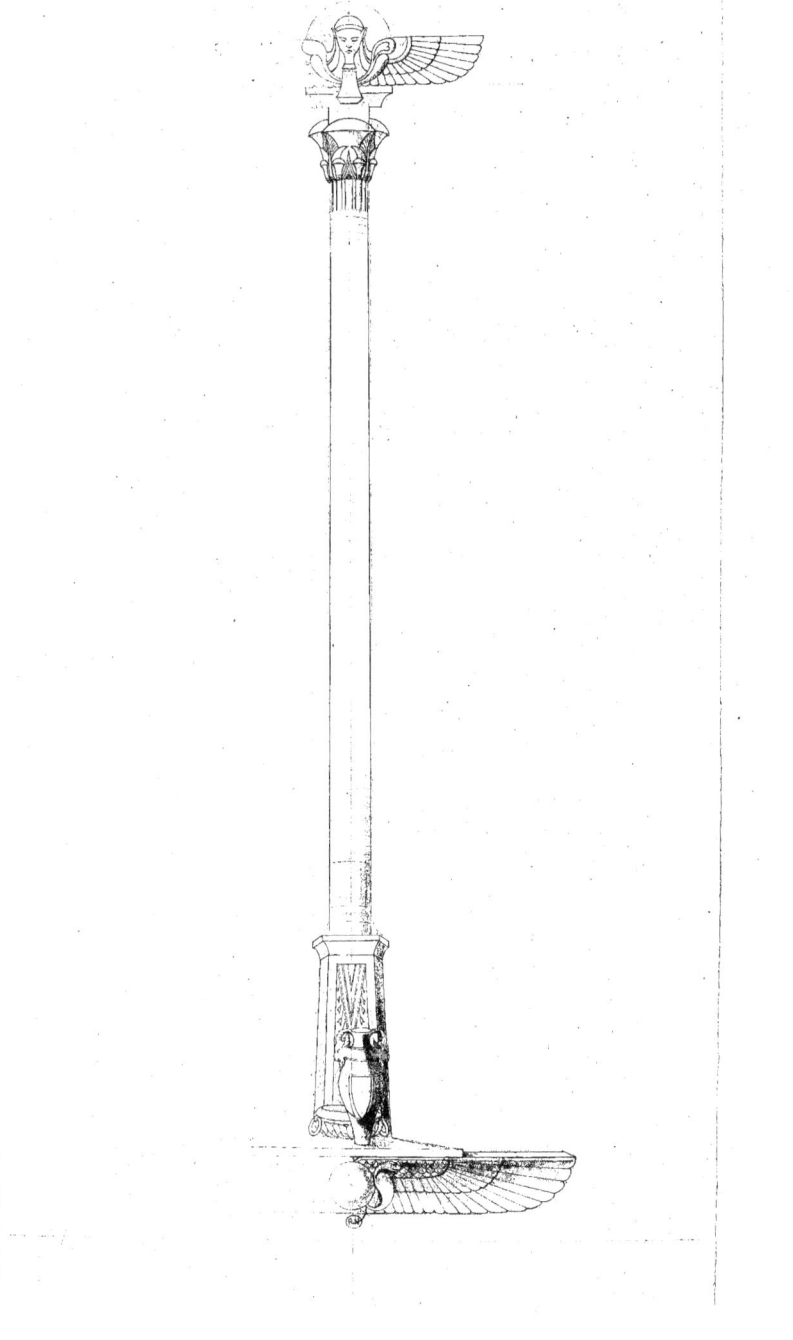

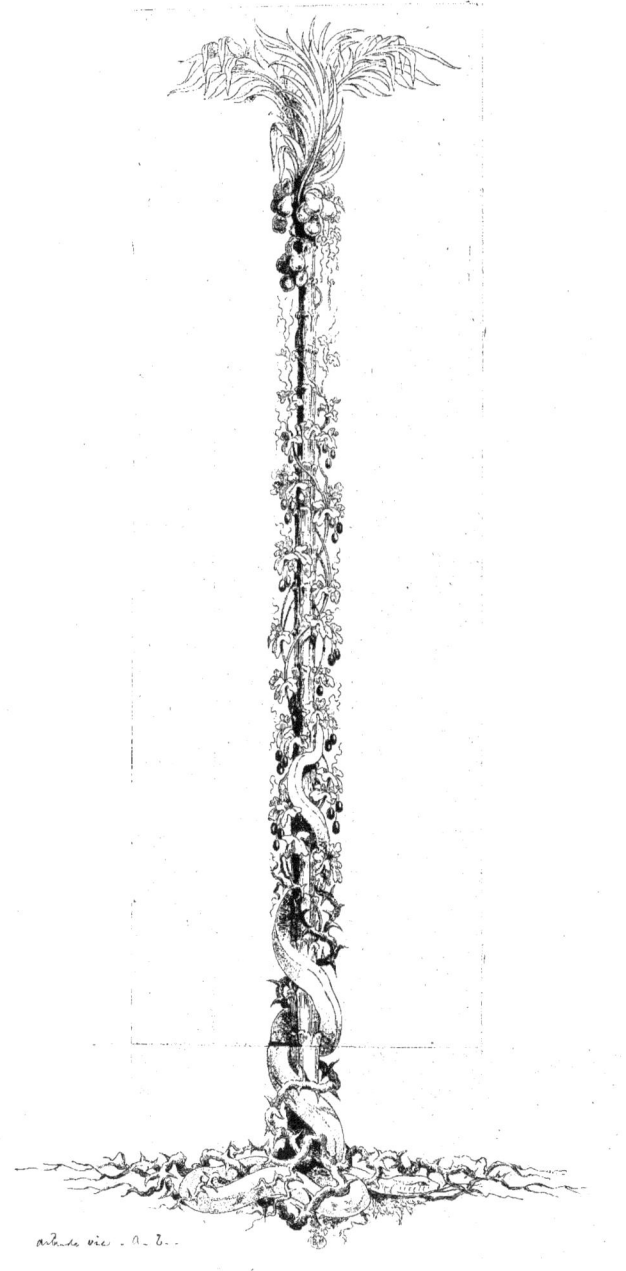

arbre de vie.

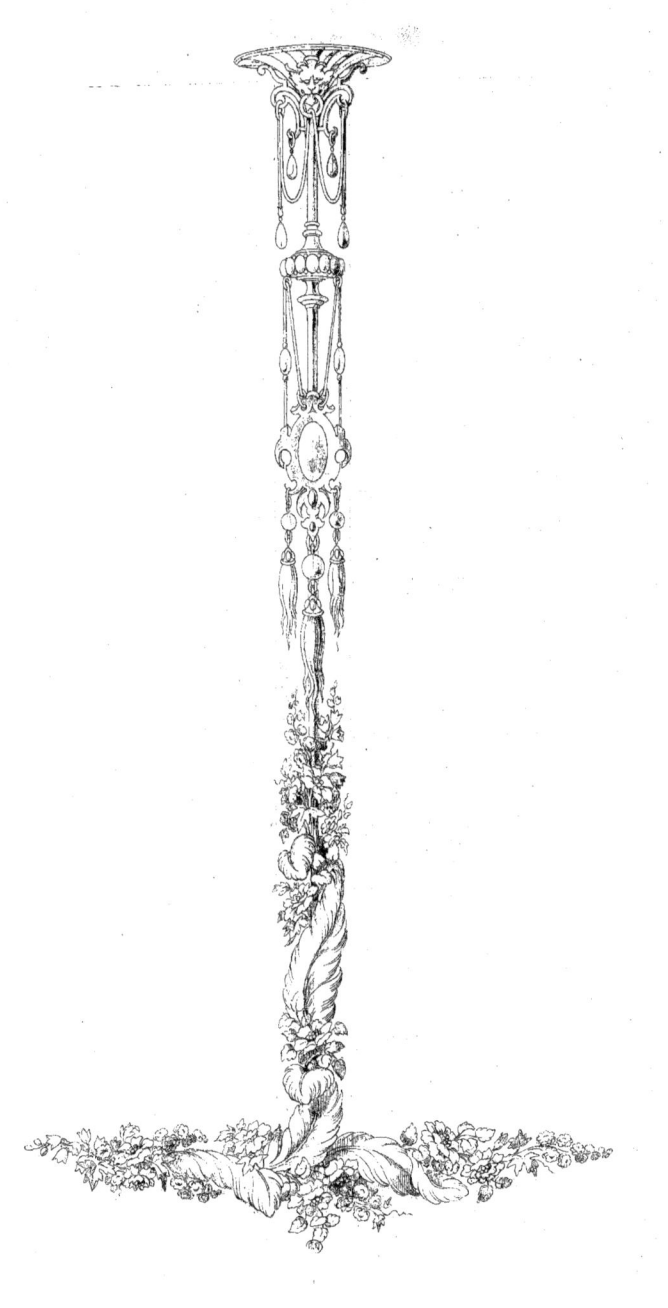

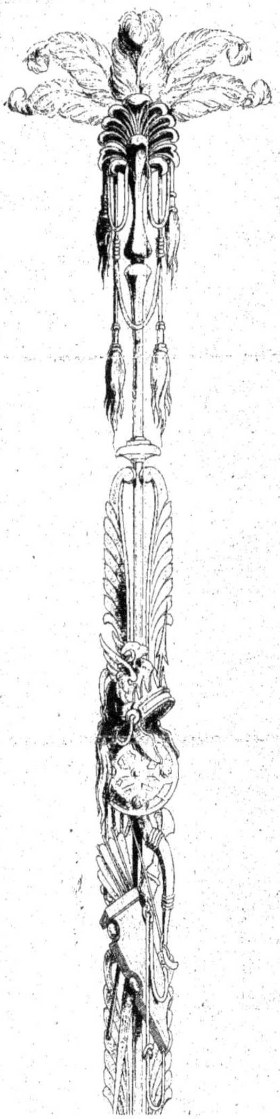

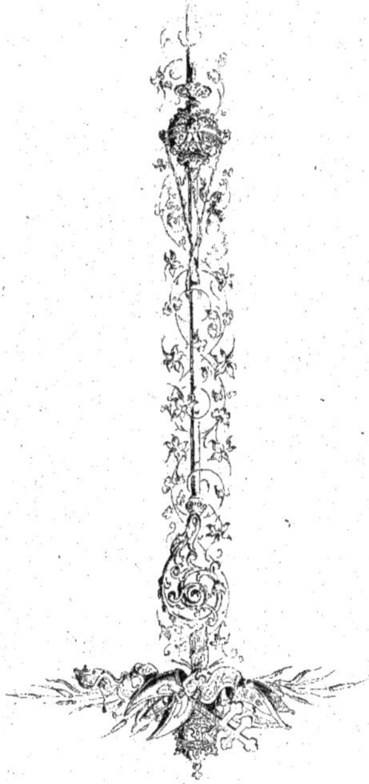

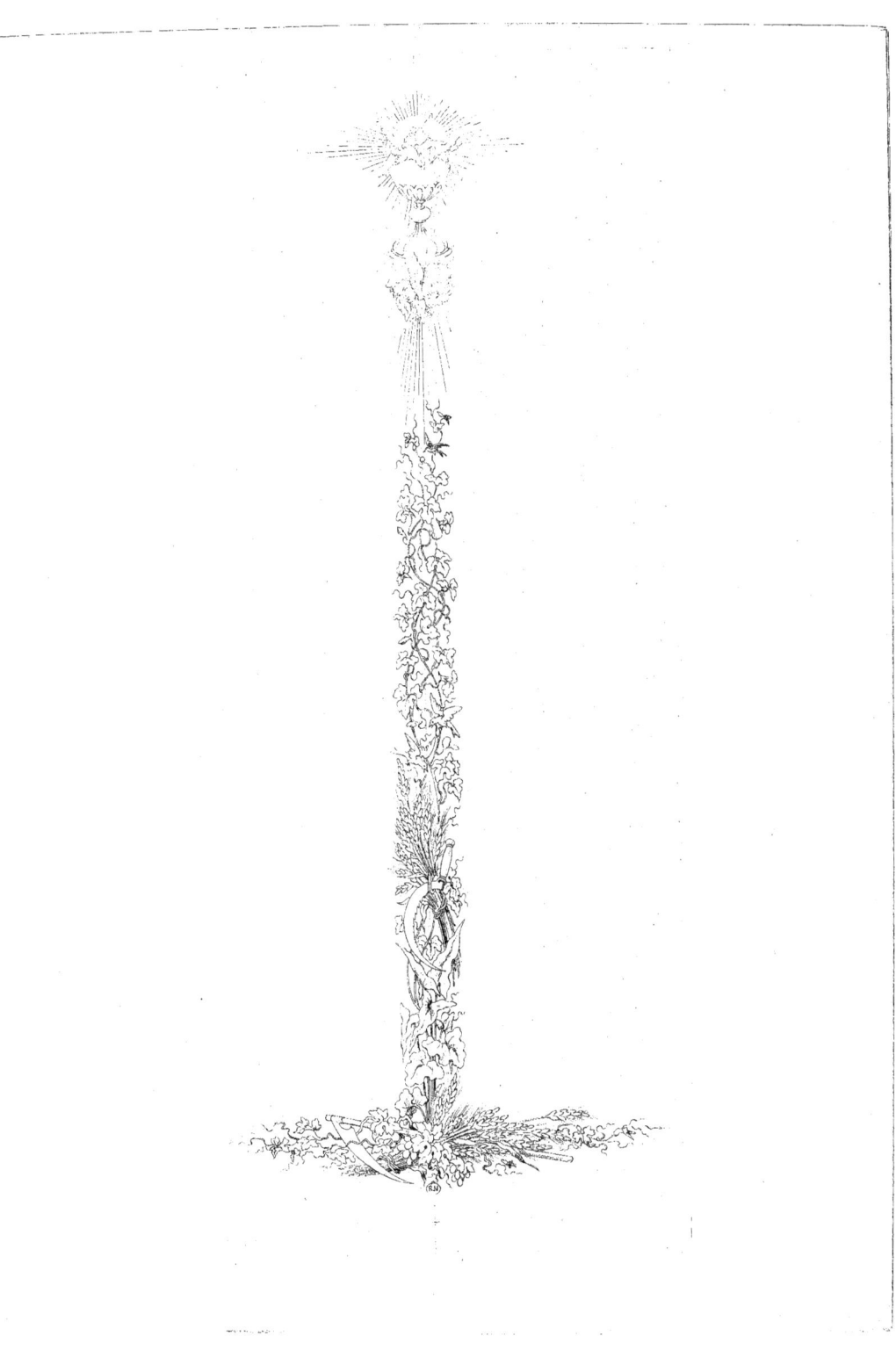

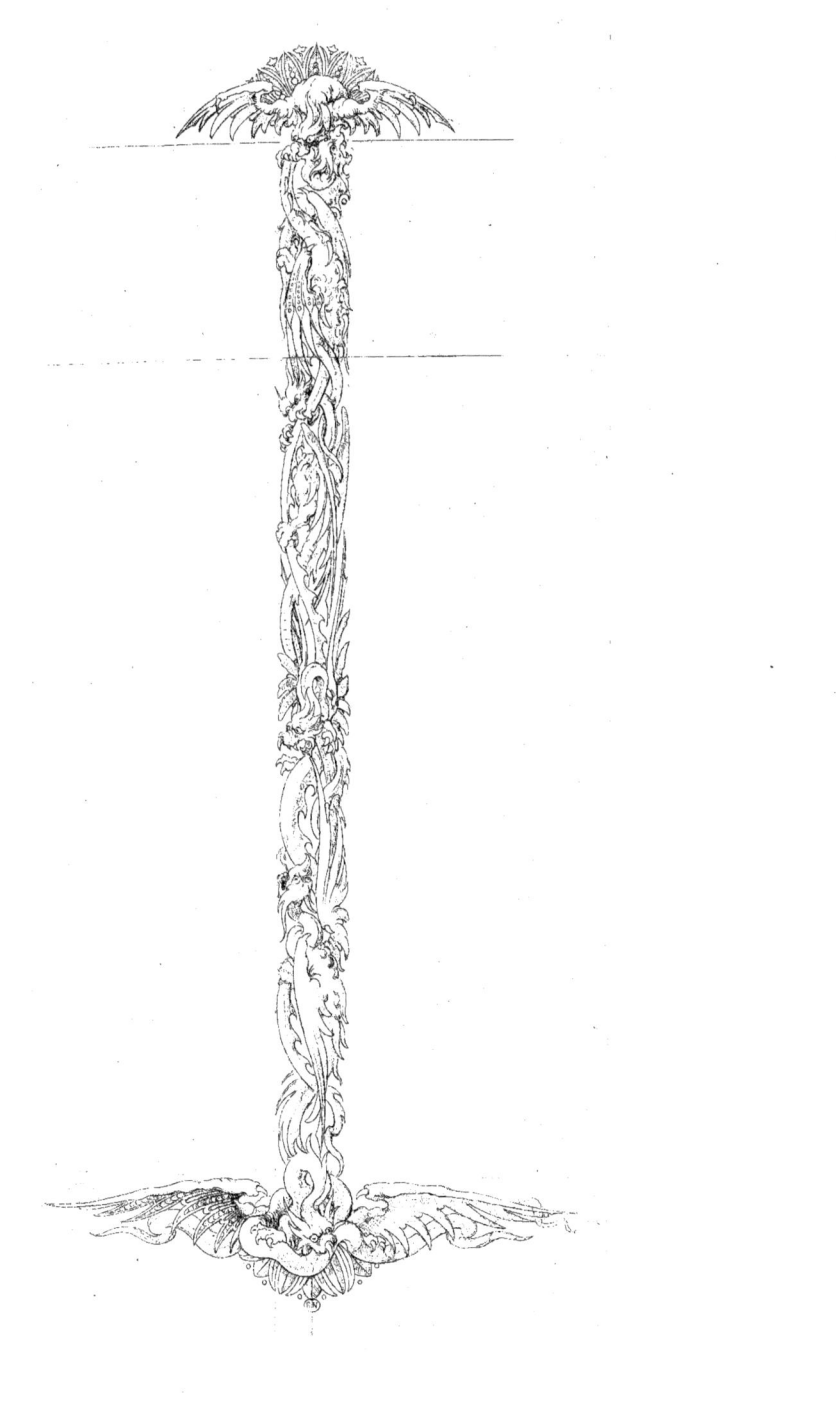

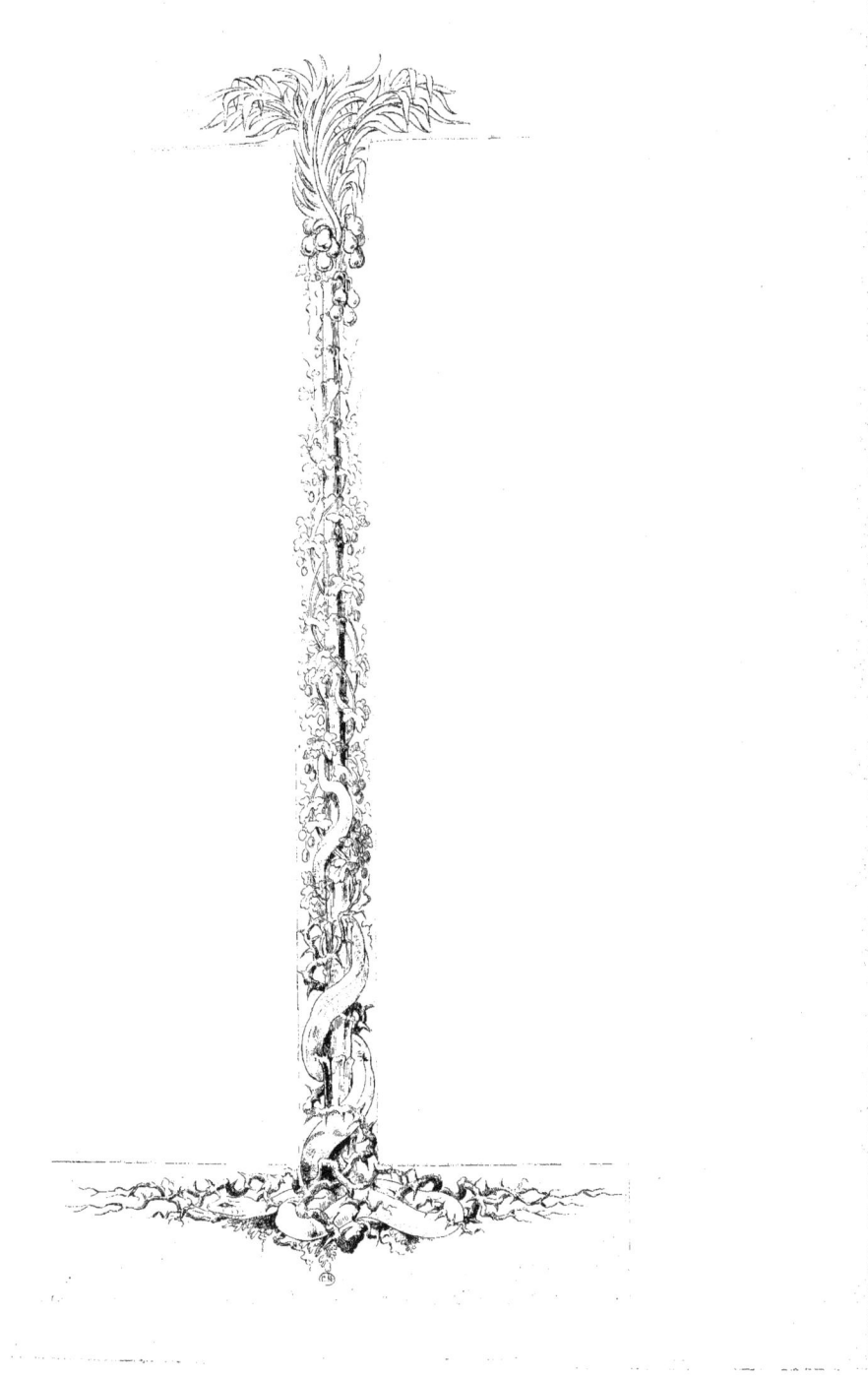

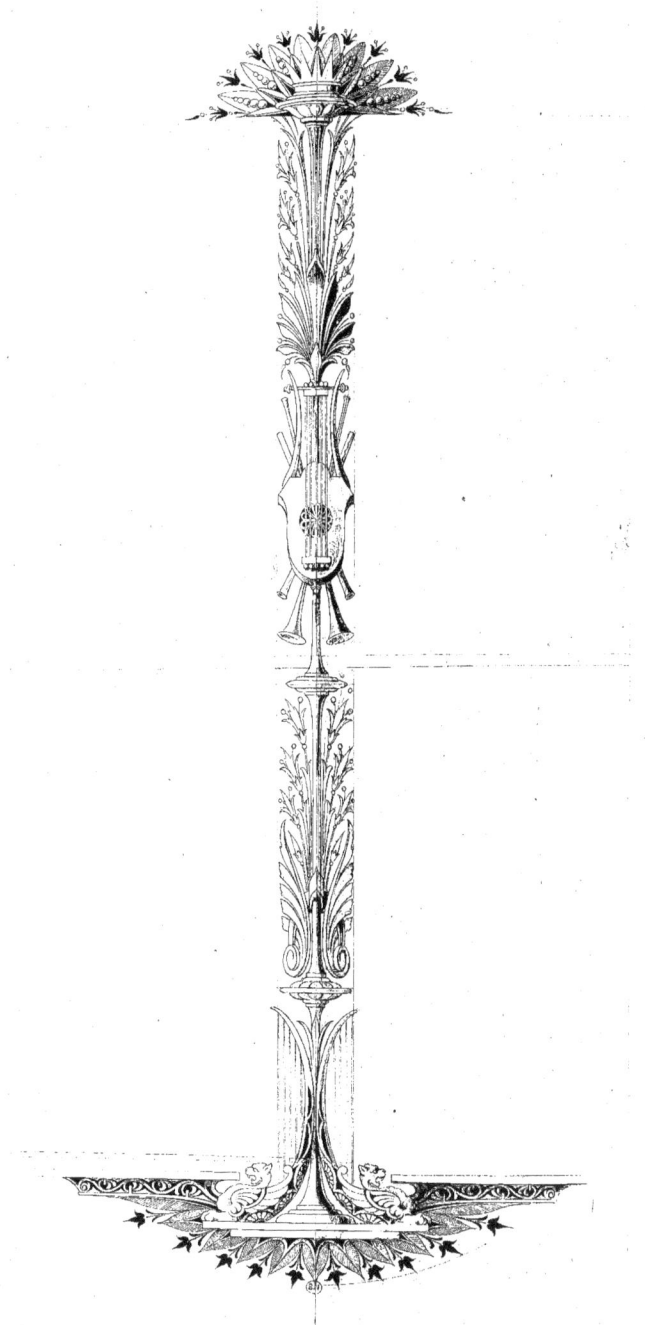

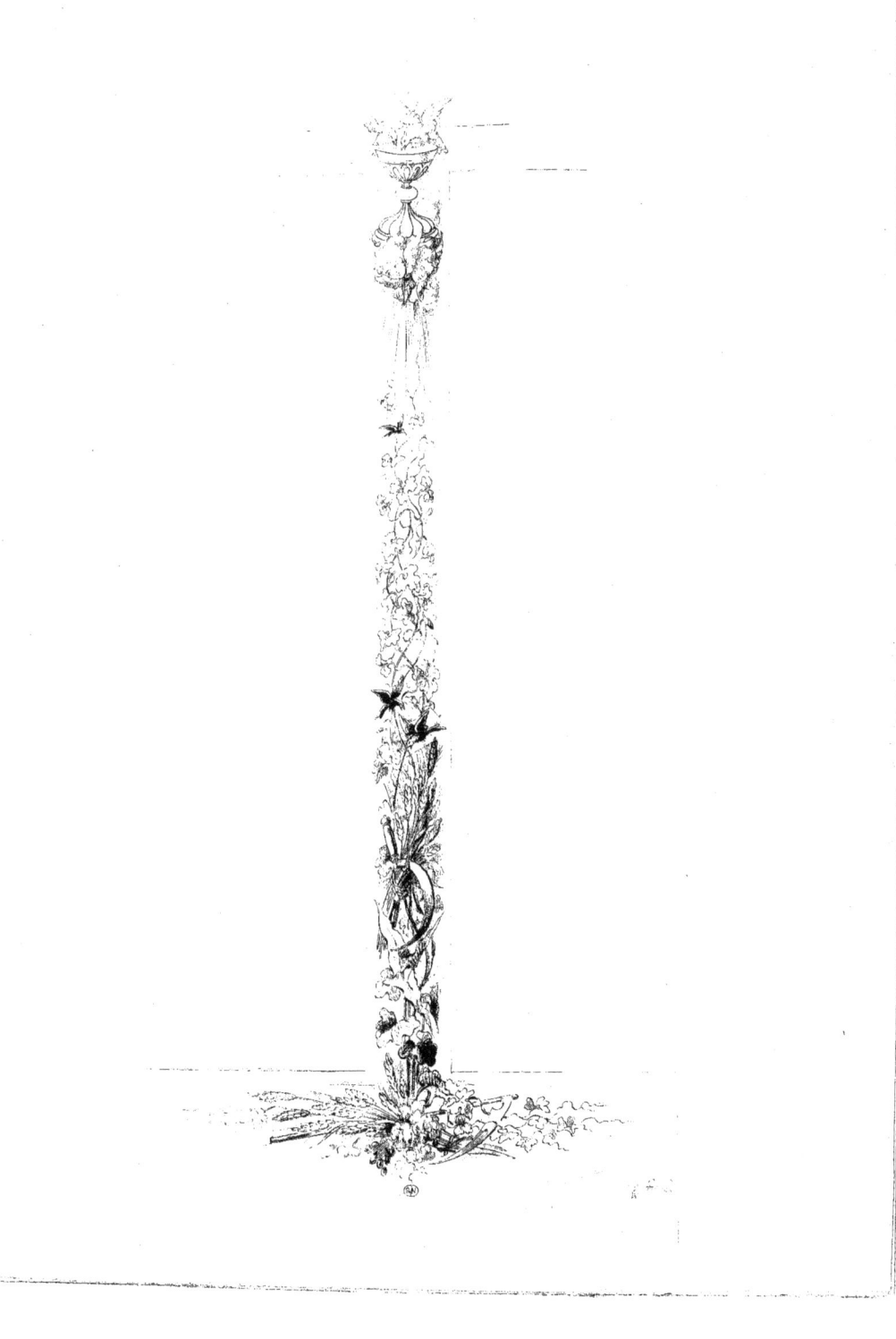

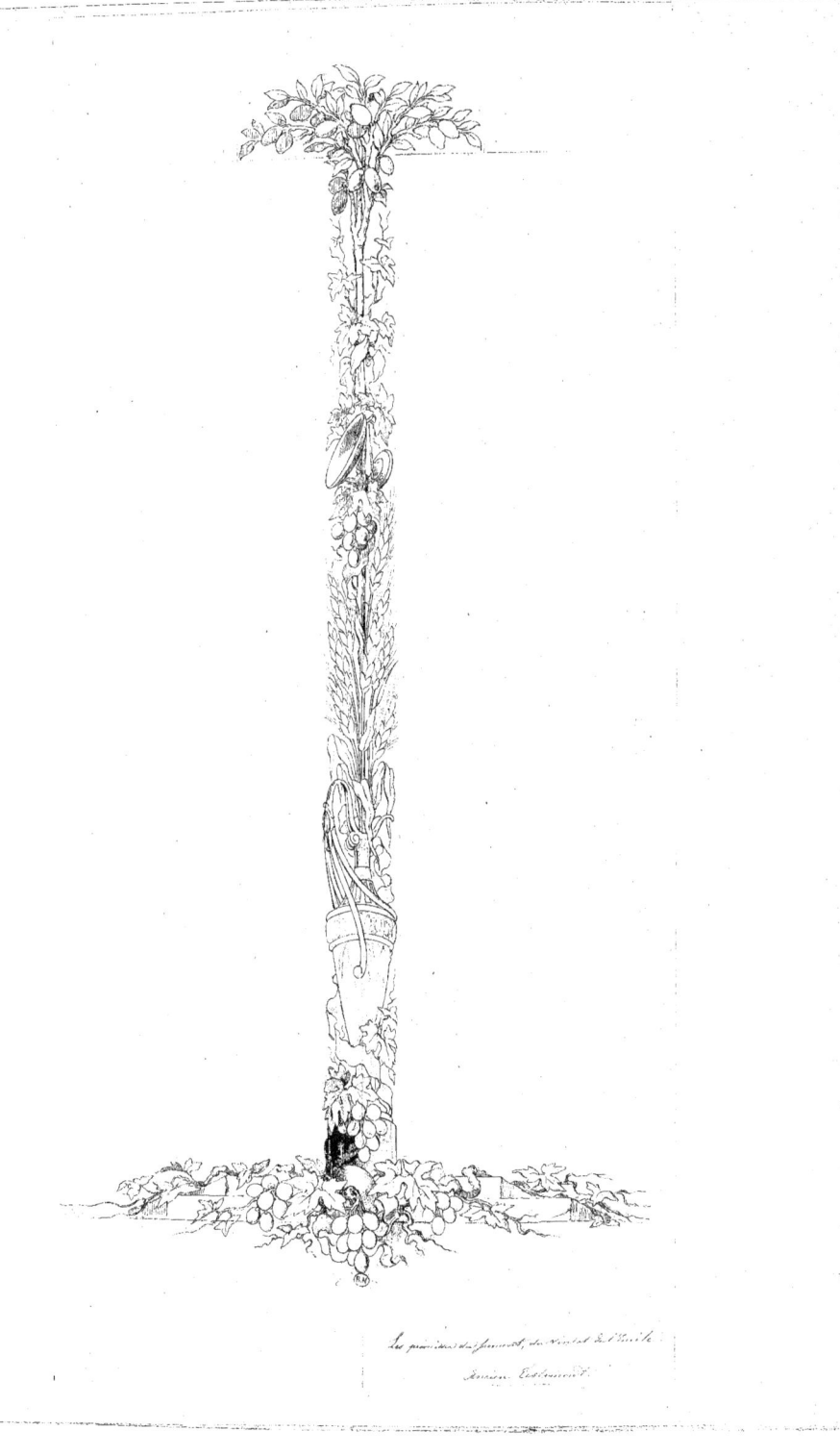

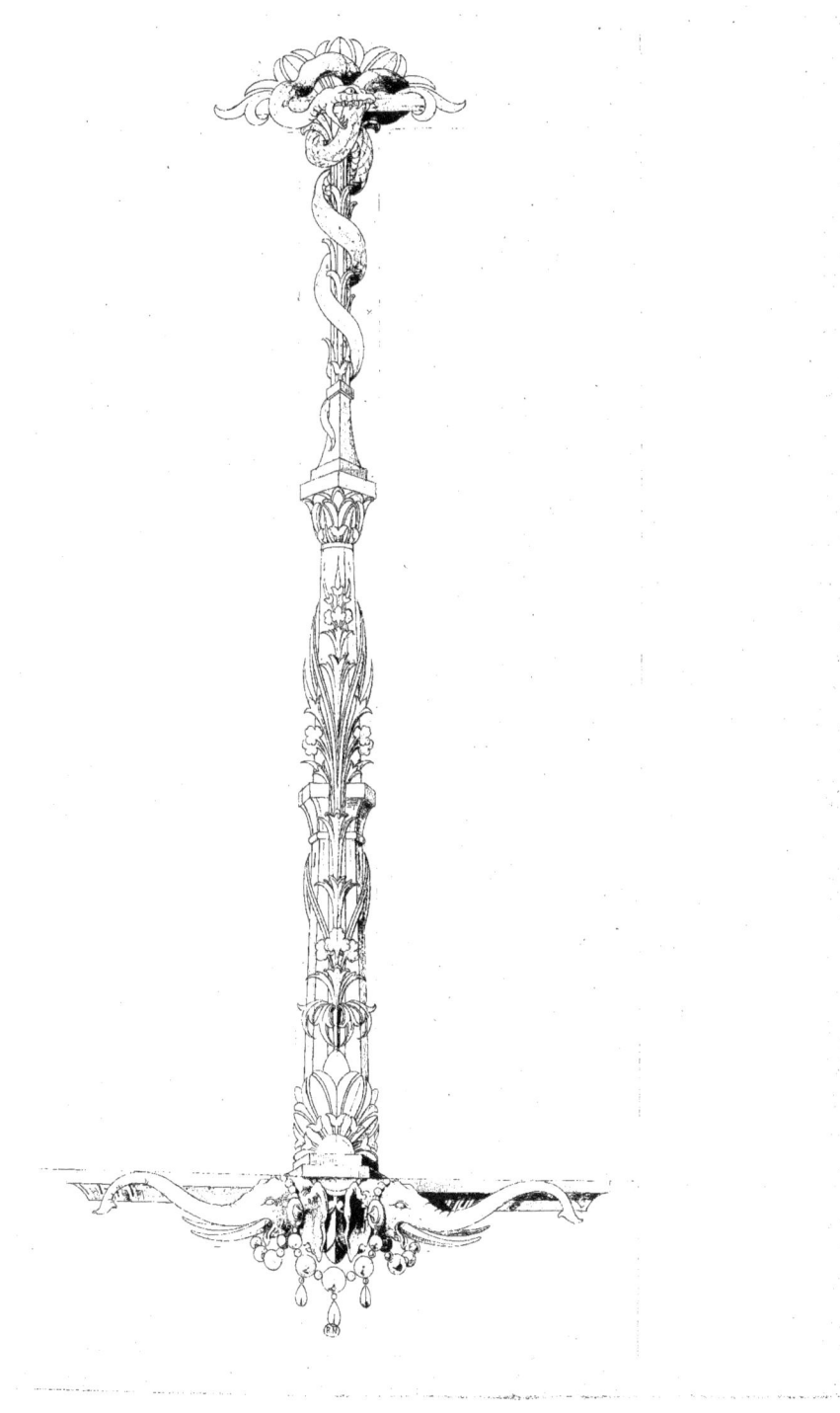

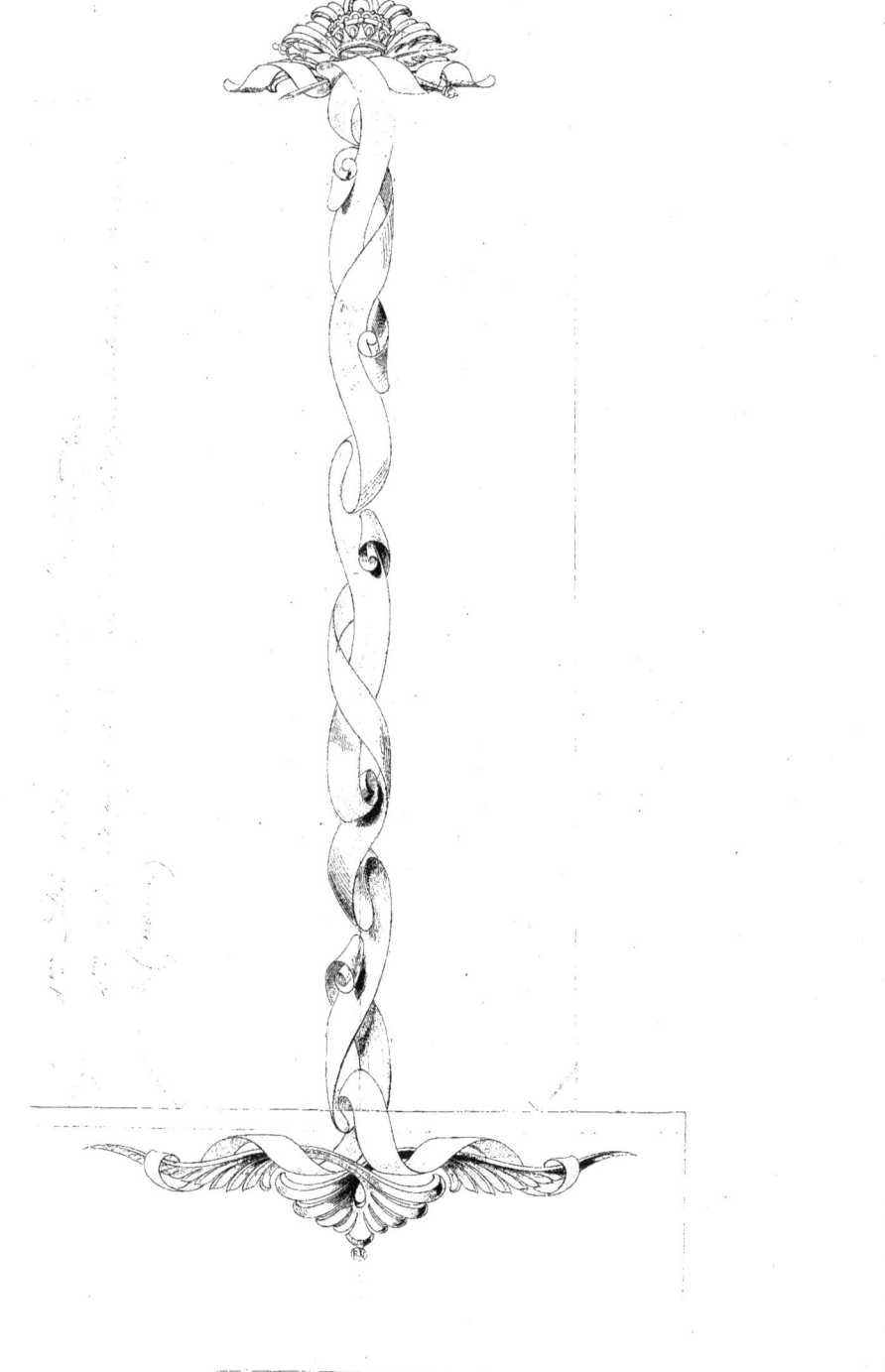

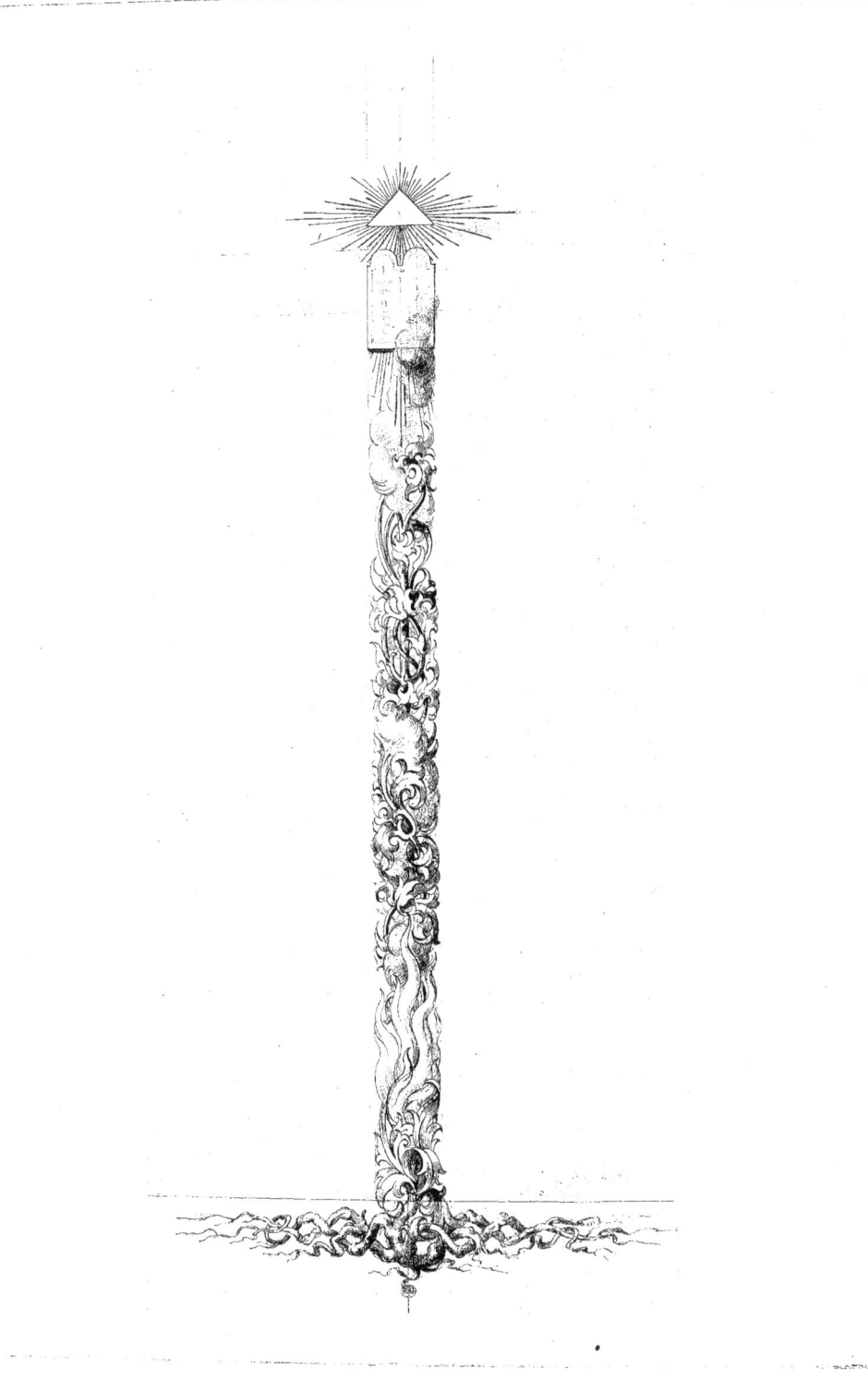

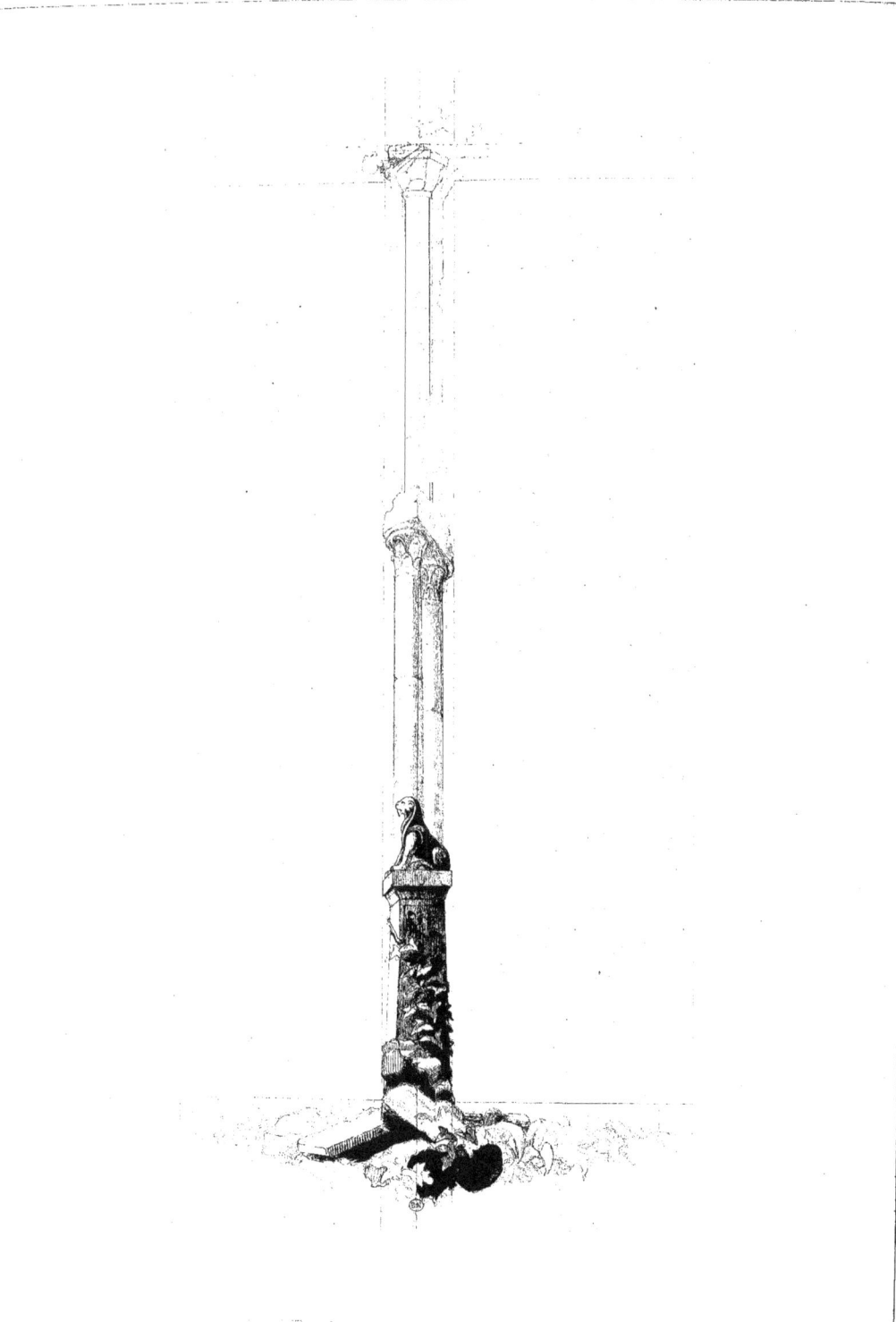

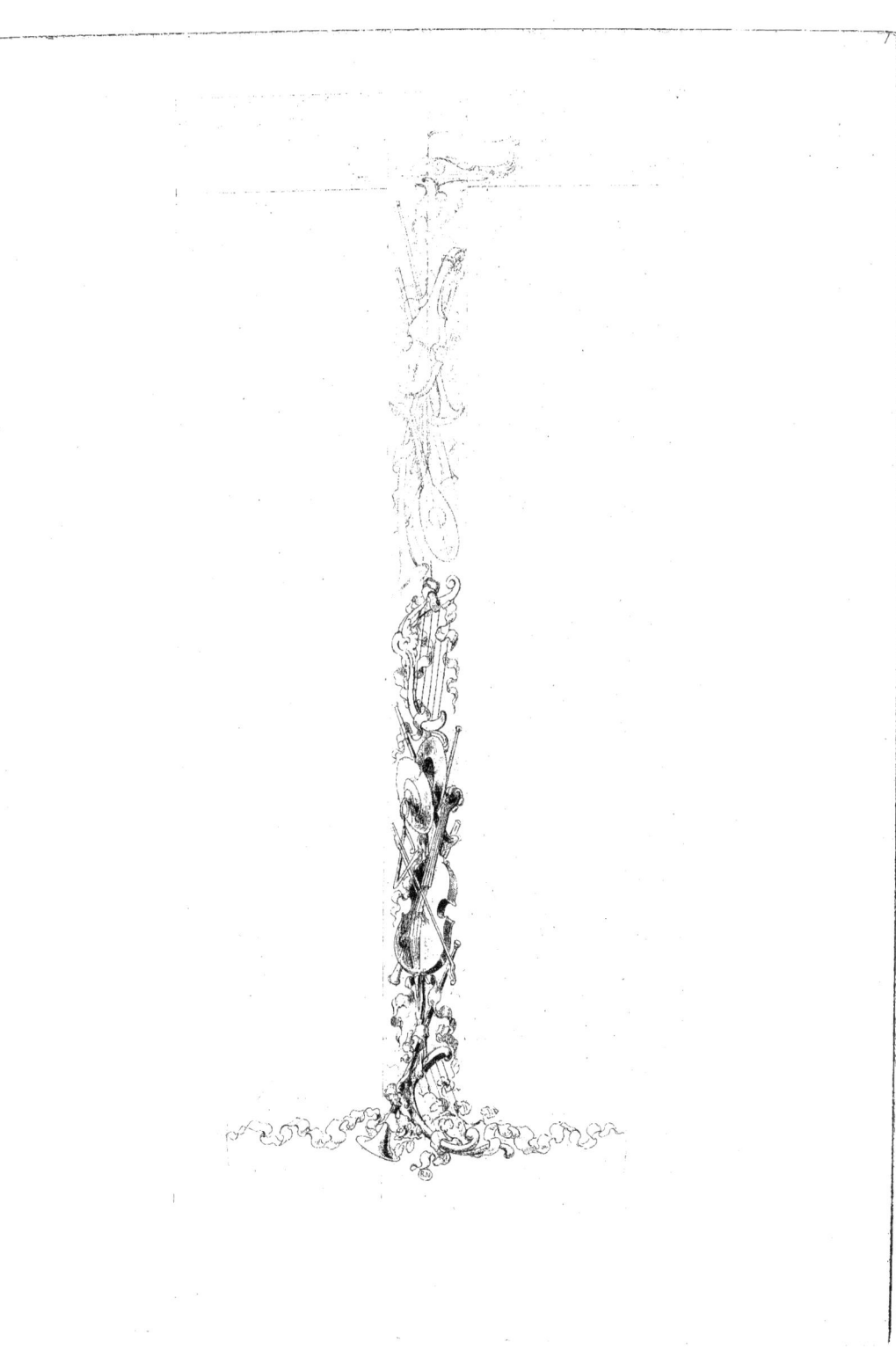

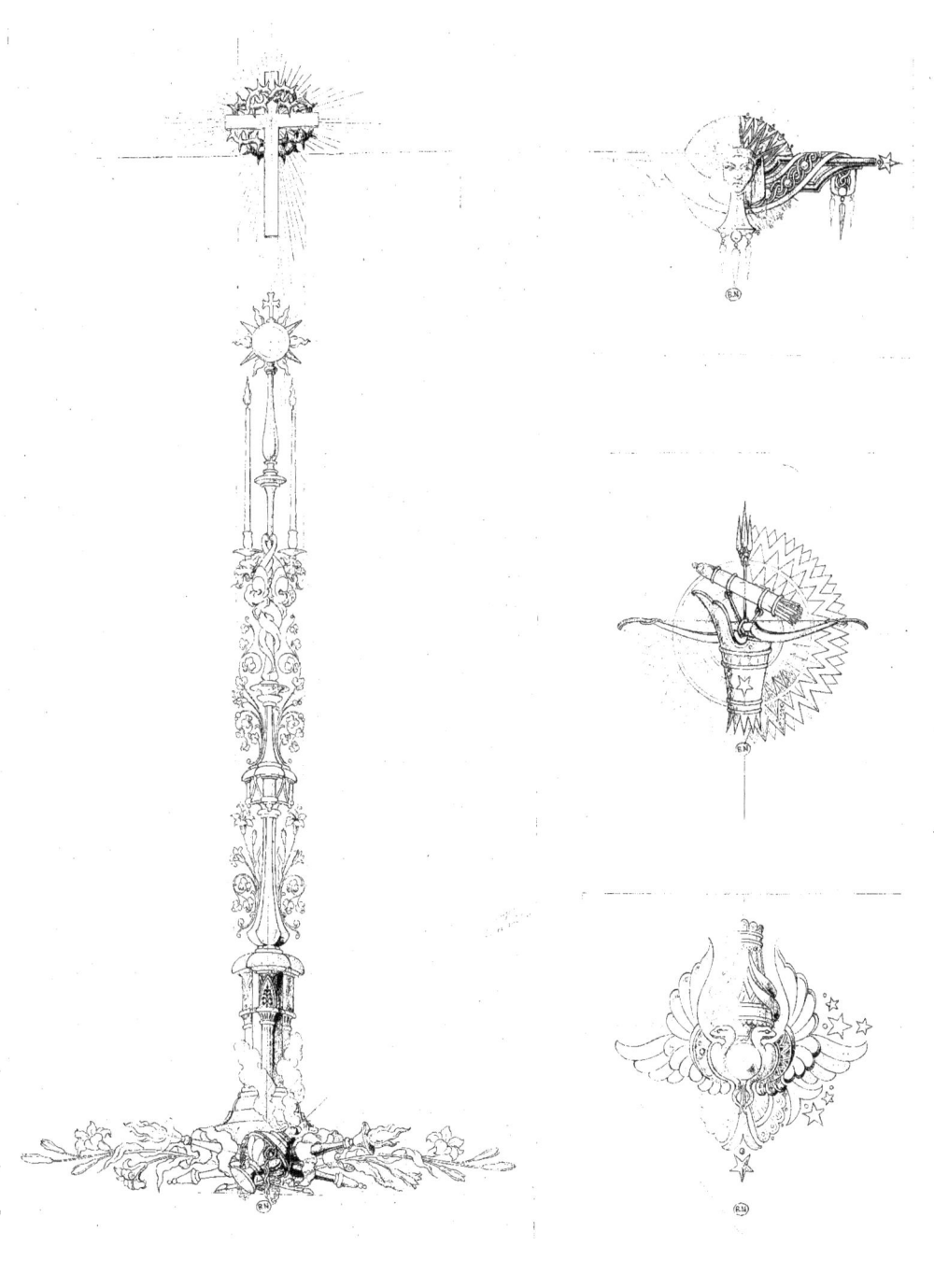

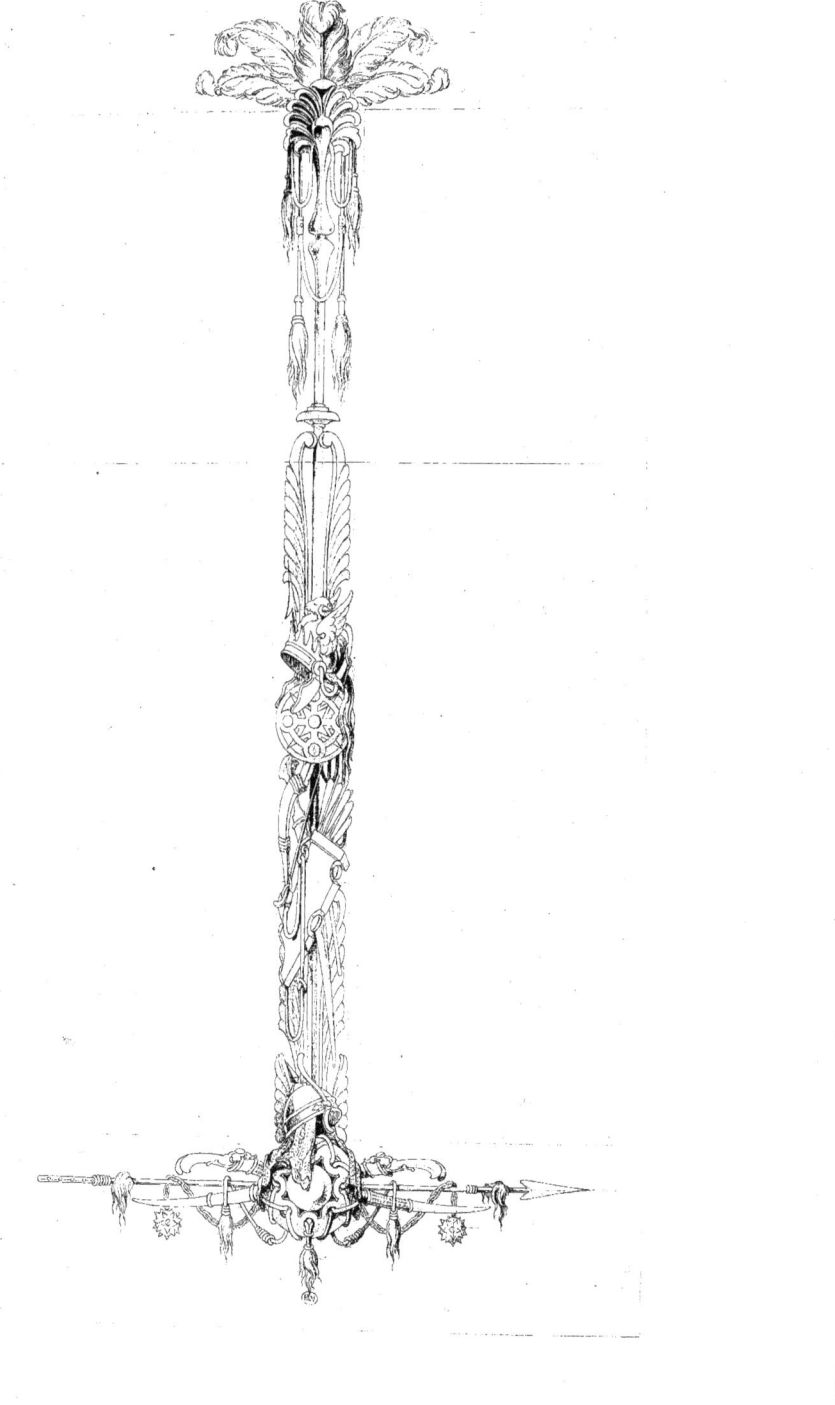

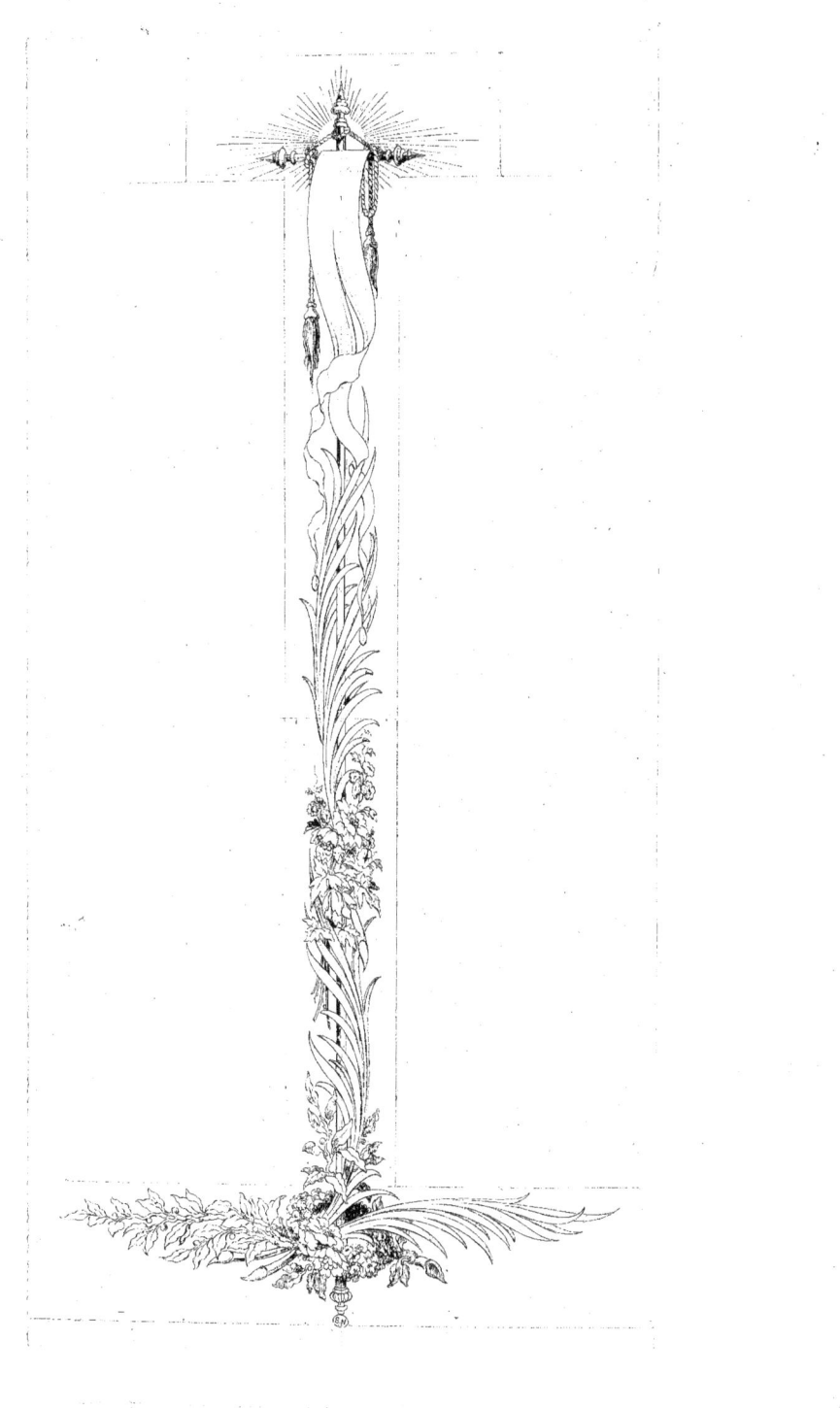

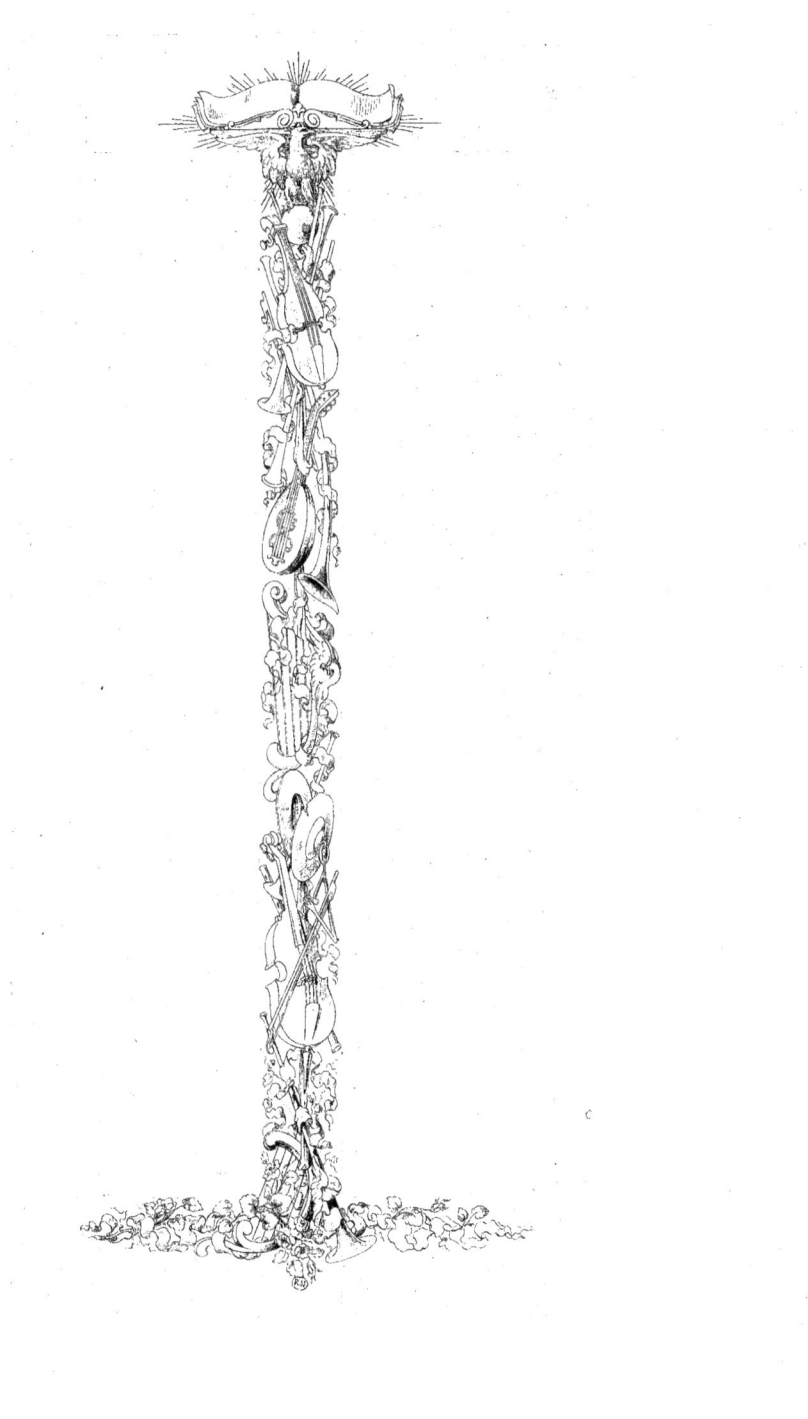

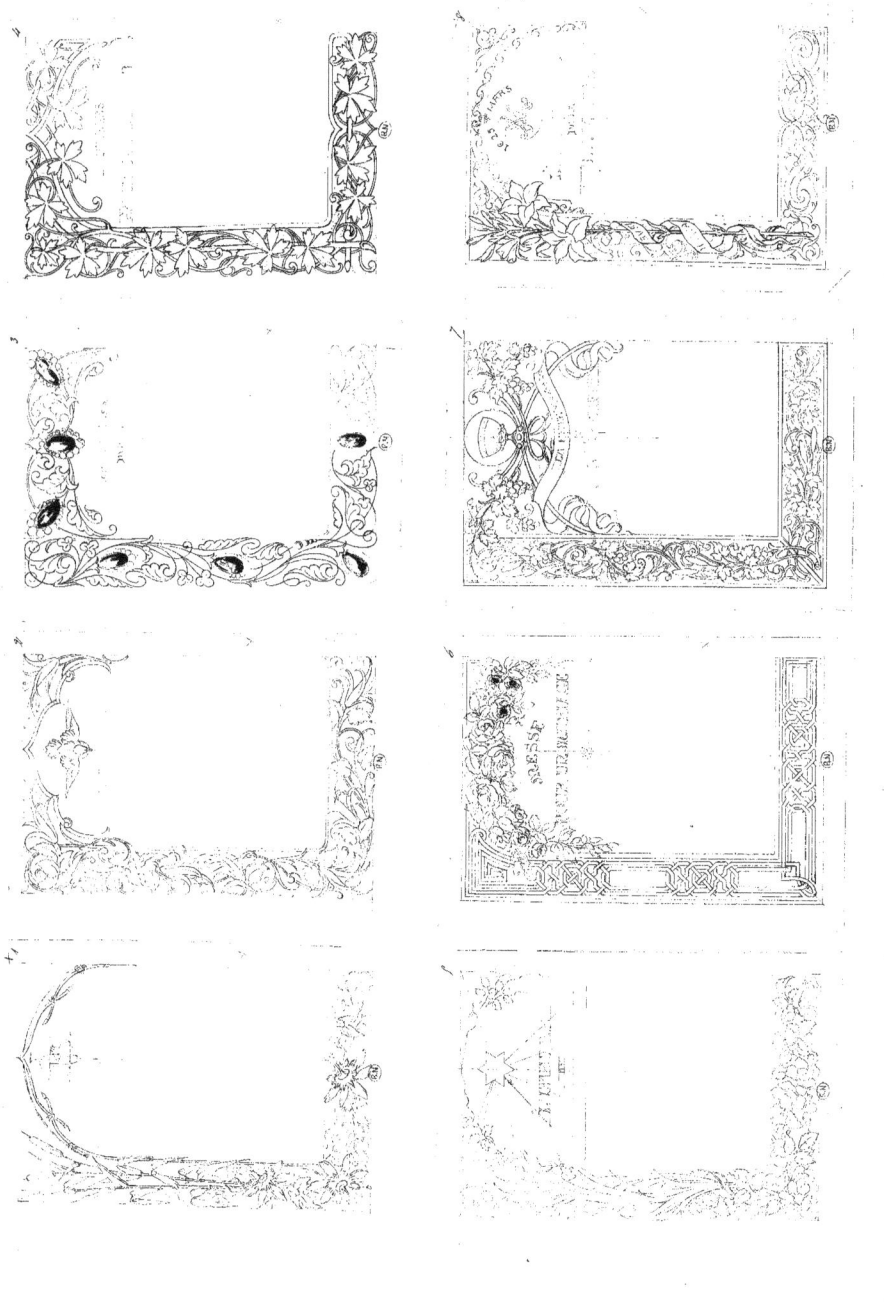

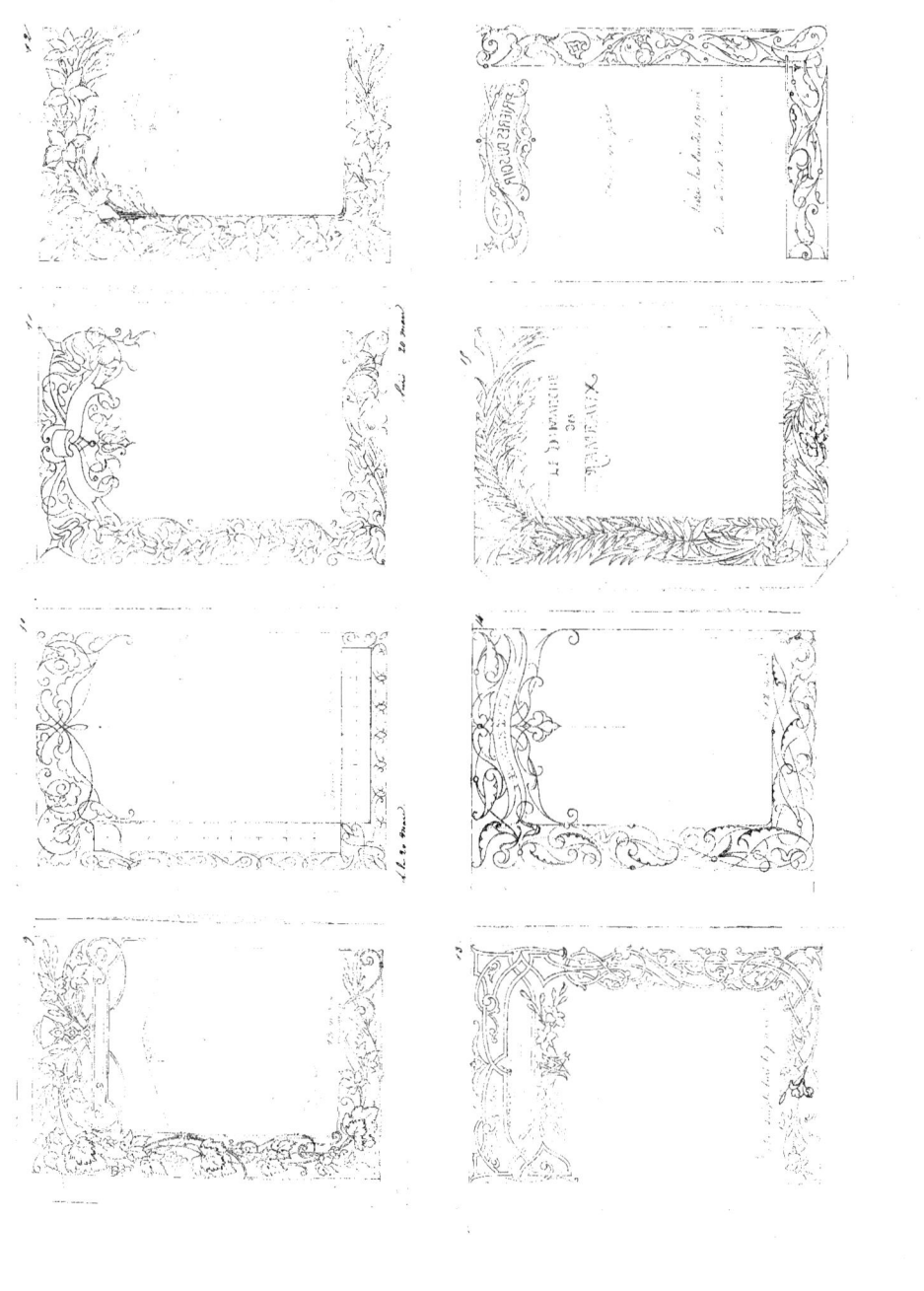

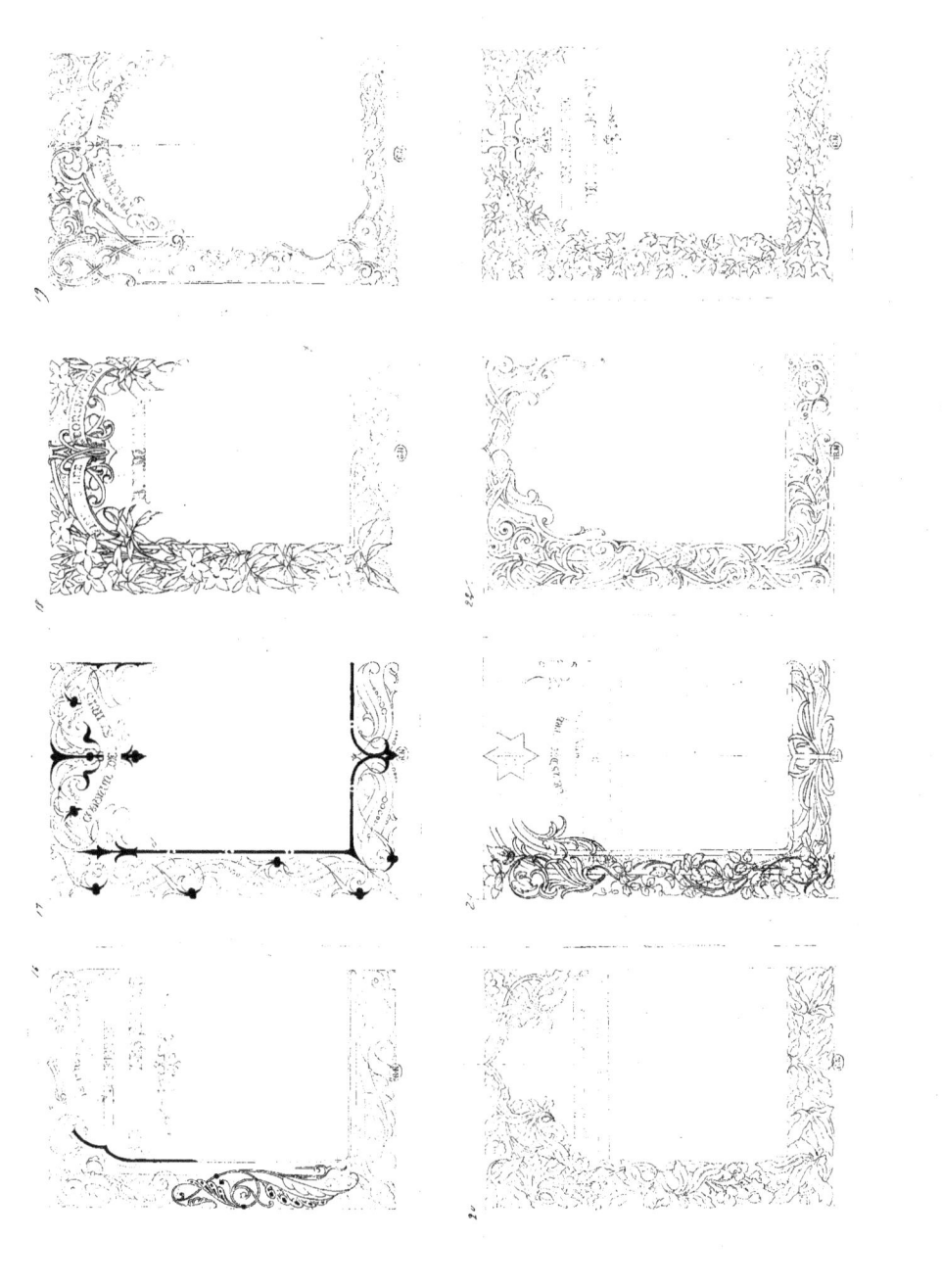

LA GENÈSE

La Genèse est le premier livre du Pentateuque,
qui en comprend quatre autres :
l'Exode, le Lévitique, les Nombres et le Deutéronome.
Moïse les écrivit sous l'inspiration de l'Esprit-Saint, étant dans le désert avec le peuple d'Israël.
La Genèse contient le récit de la création du monde et l'histoire des patriarches
jusqu'à la mort de Joseph.

21. Dieu lui dit : Descendez et avertissez le peuple, de peur qu'il ne passe les limites pour voir le Seigneur, et qu'une grande multitude ne périsse.
22. Que les prêtres¹ aussi qui s'approchent du Seigneur se sanctifient, de peur qu'il ne les frappe.
23. Moïse répondit au Seigneur : Le peuple ne pourra monter sur la montagne de Sinaï, parce que vous avez fait vous-même ce commandement, en me disant : Mettez des limites autour de la montagne, et sanctifiez le peuple.
24. Le Seigneur reprit : Allez, descendez. Vous monterez ensuite, et Aaron avec vous. Mais que les prêtres et le peuple ne passent point les limites, et qu'ils ne montent pas vers le Seigneur, de peur qu'il ne les fasse mourir.
25. Moïse descendit vers le peuple, et lui rapporta tout.

CHAPITRE XX
Le Décalogue.

1. Le Seigneur parla ensuite en ces termes :
2. Je suis le Seigneur votre Dieu, qui vous ai tirés de l'Égypte, de la maison de servitude.
3. Vous n'aurez point d'autre Dieu que moi.
4. Vous ne vous ferez point d'image taillée, ni aucune figure de ce qui est en haut dans le ciel et en bas sur la terre, ni de ce qui est dans les eaux sous la terre².
5. Vous ne les adorerez point, et vous ne leur rendrez point de culte³. Je suis le Seigneur votre Dieu, fort et jaloux, qui venge l'iniquité des pères sur les enfants jusqu'à la troisième et à la quatrième génération dans tous ceux qui me haïssent,
6. Et qui fais miséricorde dans la suite de mille générations à ceux qui m'aiment et gardent mes commandements.
7. Vous ne prendrez point en vain le nom du Seigneur votre Dieu ; car le Seigneur ne tiendra pas pour innocent celui qui aura pris en vain le nom du Seigneur son Dieu.
8. Souvenez-vous de sanctifier le jour du sabbat.
9. Vous travaillerez six jours, et vous ferez tout ce que vous aurez à faire.
10. Mais le septième jour est le sabbat du Seigneur votre Dieu. En ce jour vous ne ferez aucun ouvrage, ni vous, ni votre fils, ni votre fille, ni votre serviteur, ni votre servante, ni vos bêtes de service, ni l'étranger qui sera dans l'enceinte

avaient échappé à la grêle ; et il ne resta absolument rien de vert, ni sur les arbres ni dans les champs en Égypte.
16. C'est pourquoi Pharaon se hâta de faire venir Moïse et Aaron, et leur dit : J'ai péché contre le Seigneur votre Dieu et contre vous.
17. Mais pardonnez-moi ma faute encore cette fois, et priez le Seigneur votre Dieu, d'éloigner de moi cette mort¹.
18. Moïse, ayant quitté Pharaon, pria le Seigneur,
19. Qui fit souffler de l'occident un vent violent, qui enleva les sauterelles et les jeta dans la mer Rouge. Il n'en resta pas une seule dans toute l'Égypte.
20. Le Seigneur endurcit le cœur de Pharaon, et il ne laissa point aller les enfants d'Israël.
21. Le Seigneur dit donc à Moïse : Étendez votre main vers le ciel, et qu'il se forme sur l'Égypte des ténèbres si épaisses, qu'elles soient palpables².
22. Moïse étendit sa main vers le ciel, et des ténèbres horribles couvrirent toute l'Égypte pendant trois jours.
23. Nul ne vit son frère, ni ne se remua du lieu où il était ; mais la lumière brillait partout où habitaient les enfants d'Israël².
24. Alors Pharaon fit venir Moïse et Aaron, et leur dit : Allez, sacrifiez au Seigneur ; que vos brebis seulement et vos troupeaux restent ici, et que vos petits enfants aillent avec vous.
25. Moïse répondit : Vous nous donnerez aussi des victimes et des holocaustes, que nous offrirons au Seigneur notre Dieu.
26. Tous nos troupeaux marcheront avec nous ; il ne restera pas seulement une corne de leurs pieds, parce que nous en avons besoin pour le culte du Seigneur notre Dieu, d'autant plus que nous ignorons ce qui doit lui être immolé, jusqu'à ce que nous soyons arrivés au lieu marqué.
27. Mais le Seigneur endurcit le cœur de Pharaon, et il refusa de les laisser aller.
28. Pharaon dit à Moïse : Retirez-vous, et gardez-vous bien de paraître jamais devant moi ; car le jour où vous vous présenterez à moi, vous mourrez.
29. Moïse lui répondit : Il sera fait comme vous avez dit ; je ne verrai plus jamais votre visage.
1. Le Seigneur dit à Moïse : Je ne frapperai plus Pharaon et l'Égypte que d'une seule plaie, et après cela il vous lais

9. Les sages leur répondirent : De peur que ce que nous en avons ne suffise pas pour vous et pour nous, allez plutôt à ceux qui en vendent, et achetez-en ce qu'il vous en faut.

10. Mais, pendant qu'elles allaient en acheter, l'époux arriva; et celles qui étaient prêtes entrèrent avec lui aux noces, et la porte fut fermée.

11. Enfin les autres vierges vinrent aussi, et lui dirent : Seigneur, Seigneur, ouvrez-nous.

12. Mais il leur répondit : Je vous le dis en vérité, je ne vous connais point.

13. Veillez donc, parce que vous ne savez ni le jour ni l'heure.

14. Car il agit comme un homme qui, devant faire un long voyage, appela ses serviteurs et leur mit son bien entre les mains.

15. Et ayant donné cinq talents à l'un, deux à un autre, et un à un autre, selon la capacité de chacun d'eux, il partit aussitôt.

16. Celui donc qui avait reçu cinq talents s'en alla, et les fit valoir, et il en gagna cinq autres.

17. Celui qui en avait reçu deux, en gagna de même encore deux autres.

18. Mais celui qui n'en avait reçu qu'un, alla faire un trou dans la terre, et y cacha l'argent de son maître.

19. Longtemps après, le maître de ces serviteurs étant venu, leur fit rendre compte.

20. Celui qui avait reçu cinq talents s'approchant, en présenta cinq autres, et dit : Seigneur, vous m'avez donné cinq talents, en voilà cinq autres que j'ai gagnés de plus.

21. Son maître lui répondit : Bien! ô bon et fidèle serviteur; parce que vous avez été fidèle dans de petites choses, je vous établirai sur beaucoup plus grandes : entrez dans la joie de votre seigneur.

22. Celui qui avait reçu deux talents s'approcha aussi, et dit : Seigneur, vous m'avez donné deux talents, en voici deux autres que j'ai gagnés.

23. Son maître lui répondit : Bien! ô bon et fidèle serviteur, parce que vous avez été fidèle dans de petites choses, je vous établirai sur beaucoup plus grandes : entrez dans la joie de votre seigneur.

24. Celui qui n'avait reçu qu'un talent, s'approchant ensuite, dit : Seigneur, je sais que vous êtes un homme dur, que vous moissonnez où vous n'avez point semé, et que vous recueillez où vous n'avez rien répandu.

25. C'est pourquoi, dans ma crainte, j'ai été cacher votre talent dans la terre : le voici, je vous rends ce qui vous appartient.

26. Mais son maître lui répondit : Serviteur méchant et paresseux, vous saviez que je moissonne où je n'ai point semé, et que je recueille où je n'ai rien répandu :

27. Vous deviez donc mettre mon argent entre les mains des banquiers, et, à mon retour, j'eusse retiré avec intérêt ce qui est à moi.

28. Qu'on lui ôte donc le talent qu'il a, et qu'on le donne à celui qui a dix talents.

29. Car on donnera à celui qui a déjà, et il sera dans l'abondance; mais pour celui qui n'a rien, on lui ôtera même ce qu'il semble avoir.

30. Quant à ce serviteur inutile, qu'on le jette dans les ténèbres extérieures : c'est là qu'il y aura des pleurs et des grincements de dents.

31. Or, quand le Fils de l'homme viendra dans sa majesté, accompagné de tous ses anges, il sera assis sur le trône de sa gloire.

32. Et toutes les nations seront rassemblées devant lui, et il séparera les uns d'avec les autres, comme un berger sépare les brebis d'avec les boucs ;

33. Et il mettra les brebis à sa droite et les boucs à sa gauche.

34. Alors le roi dira à ceux qui seront à sa droite : Venez, les bénis de mon Père ; possédez le royaume qui vous a été préparé dès le commencement du monde :

35. Car j'ai eu faim, et vous m'avez donné à manger ; j'ai eu soif, et vous m'avez donné à boire ; j'étais étranger, et vous m'avez recueilli ;

36. J'ai été nu, et vous m'avez revêtu ; j'ai été malade, et vous m'avez visité ; j'ai été en prison, et vous êtes venus me voir.

37. Alors les justes lui répondront : Seigneur, quand est-ce que nous vous avons vu avoir faim, et que nous vous avons donné à manger ? ou avoir soif, et que nous vous avons donné à boire ?

38. Quand est-ce que nous vous avons vu étranger, et que nous vous avons recueilli ? ou sans habits, et que nous vous avons revêtu ?

39. Et quand est-ce que nous vous avons vu malade ou en prison, et que nous sommes venus vous visiter ?

40. Et le roi leur répondra : Je vous le dis en vérité, autant de fois que vous l'avez fait à un des moindres de mes frères que voici, c'est à moi-même que vous l'avez fait.

41. Il dira ensuite à ceux qui seront à sa gauche : Allez loin de moi, maudits, au feu éternel, qui a été préparé pour le diable et pour ses anges ;

42. Car j'ai eu faim, et vous ne m'avez pas donné à manger ; j'ai eu soif, et vous ne m'avez pas donné à boire ;

43. J'étais étranger, et vous ne m'avez point recueilli ; j'ai été sans habits, et vous ne m'avez point revêtu ; j'ai été malade et en prison, et vous ne m'avez point visité.

44. Alors ils lui répondront aussi : Seigneur, quand est-ce que nous vous avons vu avoir faim, ou avoir soif, ou être étranger, ou sans habits, ou malade, ou en prison, et que nous avons manqué de vous assister ?

45. Mais il leur répondra : Je vous dis, en vérité, autant de fois que vous avez manqué de le faire à un de ces plus petits, vous avez manqué de le faire à moi-même.

46. Et ceux-ci iront dans le supplice éternel, et les justes dans la vie éternelle.

CHAPITRE XXVI

Conspiration des Juifs. Parfums répandus sur la tête de Jésus-Christ. Trahison de Judas. Dernière cène. Institution de l'Eucharistie. Renoncement de saint Pierre prédit. Prière de Jésus dans le jardin. Il est pris, conduit chez Caïphe, accusé, condamné, outragé. Renoncement et reniement de saint Pierre.

1. Jésus ayant achevé tous ces discours, il dit à ses disciples :

2. Vous savez que la pâque se fera dans deux jours, et que le Fils de l'homme sera livré pour être crucifié.

3. En ce même temps les princes des prêtres et les anciens du peuple s'assemblèrent dans la salle du grand prêtre appelé Caïphe,

4. Et tinrent conseil ensemble pour se saisir de Jésus, par ruse, et le faire mourir.

5. Et ils disaient : Il ne faut pas que ce soit pendant la fête, de peur qu'il ne s'excite quelque tumulte parmi le peuple.

6. Or, comme Jésus était en Béthanie, dans la maison de Simon le lépreux,

7. Une femme vint à lui avec un vase d'albâtre plein d'un parfum de grand prix, qu'elle lui répandit sur la tête, lorsqu'il était à table.

---

6. *Simon le lépreux*; c'est-à-dire qui avait été lépreux.
15. *Trente pièces d'argent*; c'est-à-dire trente sicles, qui font environ
15. Chez les Hébreux, le talent valait environ 4,414 francs.
27. *Il fallait donc*, etc. Voy. page 466.
30. *Dans les ténèbres extérieures*. Compar. VIII, 12.
5. *Les phylactères* ou préservatifs étaient des bandes de parchemin qu'ils portaient sur le front et sur le bras, et sur lesquelles étaient écrites certaines paroles de la loi. Compar. *Exode*, XIII, 16; *Deuter.* VI, 8; XI, 18.
— *Et des franges fort longues*. Compar. *Matth.*, IX, 20.
9-10. Ce qui se lit dans ces deux versets veut dire que nous devons mettre incomparablement notre Père céleste au-dessus de tout père selon la chair, et que nous ne devons suivre aucun maître qui nous détourne de Jésus-Christ. Mais cela ne nous empêche pas d'avoir, conformément à la loi divine, tout le respect dû pour nos pères selon la chair, pour nos pères spirituels (*I Corinth.*, IV, 15) et pour nos maîtres et précepteurs.
15. *Fils de la géhenne*; c'est-à-dire de l'enfer; hébraïsme, pour digne de l'enfer. Ainsi le sens est : Vous le rendez digne de l'enfer deux fois plus que vous. — *Géhenne*. Voy. V, 22.
27. Les Juifs, dans la crainte qu'on ne se souillât en touchant les tombeaux, les blanchissaient au dehors afin qu'on les distinguât.

9. Les sages leur répondirent : De peur que ce que nous en avons ne suffise pas pour vous et pour nous, allez plutôt à ceux qui en vendent, et achetez-en ce qu'il vous en faut.

10. Mais, pendant qu'elles allaient en acheter, l'époux arriva ; et celles qui étaient prêtes entrèrent avec lui aux noces, et la porte fut fermée.

11. Enfin les autres vierges vinrent aussi, et lui dirent : Seigneur, Seigneur, ouvrez-nous.

12. Mais il leur répondit : Je vous le dis en vérité, je ne vous connais point.

13. Veillez donc, parce que vous ne savez ni le jour ni l'heure.

14. Car il agit comme un homme qui, devant faire un long voyage, appela ses serviteurs et leur mit son bien entre les mains.

15. Et ayant donné cinq talents à l'un, deux à un autre, et un à un autre, selon la capacité de chacun d'eux, il partit aussitôt.

16. Celui donc qui avait reçu cinq talents s'en alla, et les fit valoir, et il en gagna cinq autres.

17. Celui qui en avait reçu deux, en gagna de même encore deux autres.

18. Mais celui qui n'en avait reçu qu'un, alla faire un trou dans la terre, et y cacha l'argent de son maître.

19. Longtemps après, le maître de ces serviteurs étant venu, leur fit rendre compte.

20. Celui qui avait reçu cinq talents s'approchant, en présenta cinq autres, et dit : Seigneur, vous m'avez donné cinq talents, en voilà cinq autres que j'ai gagnés de plus.

21. Son maître lui répondit : Bien ! ô bon et fidèle serviteur ; parce que vous avez été fidèle dans de petites choses, je vous établirai sur de beaucoup plus grandes : entrez dans la joie de votre seigneur.

22. Celui qui avait reçu deux talents s'approcha aussi, et dit : Seigneur, vous m'avez donné deux talents, en voici deux autres que j'ai gagnés.

23. Son maître lui répondit : Bien ! ô bon et fidèle serviteur ; parce que vous avez été fidèle dans de petites choses, je vous établirai sur de beaucoup plus grandes : entrez dans la joie de votre seigneur.

24. Celui qui n'avait reçu qu'un talent, s'approchant ensuite, dit : Seigneur, je sais que vous êtes un homme dur, que vous moissonnez où vous n'avez point semé, et que vous recueillez où vous n'avez rien répandu.

25. C'est pourquoi, dans ma crainte, j'ai été cacher votre talent dans la terre : le voici, je vous rends ce qui vous appartient.

26. Mais son maître lui répondit : Serviteur méchant et paresseux, vous saviez que je moissonne où je n'ai point semé, et que je recueille où je n'ai rien répandu.

27. Vous deviez donc mettre mon argent entre les mains des banquiers, et, à mon retour, j'eusse retiré avec intérêt ce qui est à moi.

28. Qu'on lui ôte donc le talent qu'il a, et qu'on le donne à celui qui a dix talents.

29. Car on donnera à celui qui a déjà, et il sera dans l'abondance ; mais pour celui qui n'a rien, on lui ôtera même ce qu'il semble avoir.

30. Quant à ce serviteur inutile, qu'on le jette dans les ténèbres extérieures ; c'est là qu'il y aura des pleurs et des grincements de dents.

31. Or, quand le Fils de l'homme viendra dans sa majesté, accompagné de tous ses anges, il sera assis sur le trône de sa gloire.

32. Et toutes les nations seront rassemblées devant lui, et il séparera les uns d'avec les autres, comme un berger sépare les brebis d'avec les boucs ;

33. Et il mettra les brebis à sa droite et les boucs à sa gauche.

34. Alors le roi dira à ceux qui seront à sa droite : Venez, les bénis de mon Père ; possédez le royaume qui vous a été préparé dès le commencement du monde :

35. Car j'ai eu faim, et vous m'avez donné à manger ; j'ai eu soif, et vous m'avez donné à boire ; j'étais étranger, et vous m'avez recueilli ;

36. J'ai été nu, et vous m'avez revêtu ; j'ai été malade, et vous m'avez visité ; j'ai été en prison, et vous êtes venus me voir.

37. Alors les justes lui répondront : Seigneur, quand est-ce que nous vous avons vu avoir faim, et que nous vous avons donné à manger ? ou avoir soif, et que nous vous avons donné à boire ?

38. Quand est-ce que nous vous avons vu étranger, et que nous vous avons recueilli ? ou sans habits, et que nous vous avons revêtu ?

39. Et quand est-ce que nous vous avons vu malade ou en prison, et que nous sommes venus vous visiter ?

40. Et le roi leur répondra : Je vous le dis en vérité, autant de fois que vous l'avez fait à un des moindres de mes frères que voici, c'est à moi-même que vous l'avez fait.

41. Il dira ensuite à ceux qui seront à sa gauche : Allez loin de moi, maudits, au feu éternel, qui a été préparé pour le diable et pour ses anges ;

42. Car j'ai eu faim, et vous ne m'avez pas donné à manger ; j'ai eu soif, et vous ne m'avez pas donné à boire ;

43. J'étais étranger, et vous ne m'avez point recueilli ; j'ai été sans habits, et vous ne m'avez point revêtu ; j'ai été malade et en prison, et vous ne m'avez point visité.

44. Alors ils lui répondront aussi : Seigneur, quand est-ce que nous vous avons vu avoir faim, ou avoir soif, ou être étranger, ou sans habits, ou malade, ou en prison, et que nous avons manqué de vous assister ?

45. Mais il leur répondra : Je vous dis, en vérité, autant de fois que vous avez manqué de le faire à un de ces plus petits, vous avez manqué de le faire à moi-même.

46. Et ceux-ci iront dans le supplice éternel, et les justes dans la vie éternelle.

CHAPITRE XXVI

Conspiration des Juifs. Parfums répandus sur la tête de Jésus-Christ. Trahison de Judas. Dernière cène. Institution de l'Eucharistie. Renoncement de saint Pierre prédit. Prière de Jésus dans le jardin. Il est pris, conduit chez Caïphe, accusé, condamné, outragé. Renoncement et pénitence de saint Pierre.

1. Jésus ayant achevé tous ces discours, il dit à ses disciples :

2. Vous savez que la pâque se fera dans deux jours, et que le Fils de l'homme sera livré pour être crucifié.

3. En ce même temps les princes des prêtres et les anciens du peuple s'assemblèrent dans la salle du grand prêtre appelé Caïphe,

4. Et tinrent conseil ensemble pour se saisir de Jésus, par ruse, et le faire mourir.

5. Et ils disaient : Il ne faut pas que ce soit pendant la fête, de peur qu'il ne s'excite quelque tumulte parmi le peuple.

6. Or, comme Jésus était en Béthanie, dans la maison de Simon le lépreux,

7. Une femme vint à lui avec un vase d'albâtre plein d'un parfum de grand prix, qu'elle lui répandit sur la tête, lorsqu'il était à table.

---

6. Simon le lépreux ; c'est-à-dire qui avait été lépreux.
15. Trente pièces d'argent ; c'est pa-à-dire trente sicles, qui font environ la chair, et que nous ne devons suivre aucun maître qui nous détourne
15. Chez les Hébreux, le talent valait environ 4,414 francs.
27. Il fallait donc, etc. Voy. page 466.
30. Dans les ténèbres extérieures. Compar. viii, 12.
5. Les phylactères ou préservatifs étaient des bandes de parchemin qu'ils portaient sur le front et sur le bras, et sur lesquelles étaient écrites certaines paroles de la loi. Compar. Exode, xiii, 16 ; Deutér., vi, 8 ; xi, 18.
— Et des franges fort longues. Compar. Matth., ix, 20.
9-10. Ce qui se lit dans ces deux versets veut dire que nous devons

mettre incomparablement notre Père céleste au-dessus de tout père selon la chair, et que nous ne devons suivre aucun maître qui nous détourne de la loi divine, tout le respect dû pour nos pères selon la chair, pour nos pères spirituels (I Corinth., iv, 15) et pour nos maîtres et précepteurs.
15. Fils de la géhenne, c'est-à-dire de l'enfer ; hébraïsme, pour digne de l'enfer. Ainsi le sens est : Vous le rendez digne de l'enfer deux fois plus que vous. — Géhenne. Voy. v, 22.
27. Les Juifs, dans la crainte qu'on ne se souillât en touchant les tombeaux, les blanchissaient au dehors afin qu'on les distinguât.

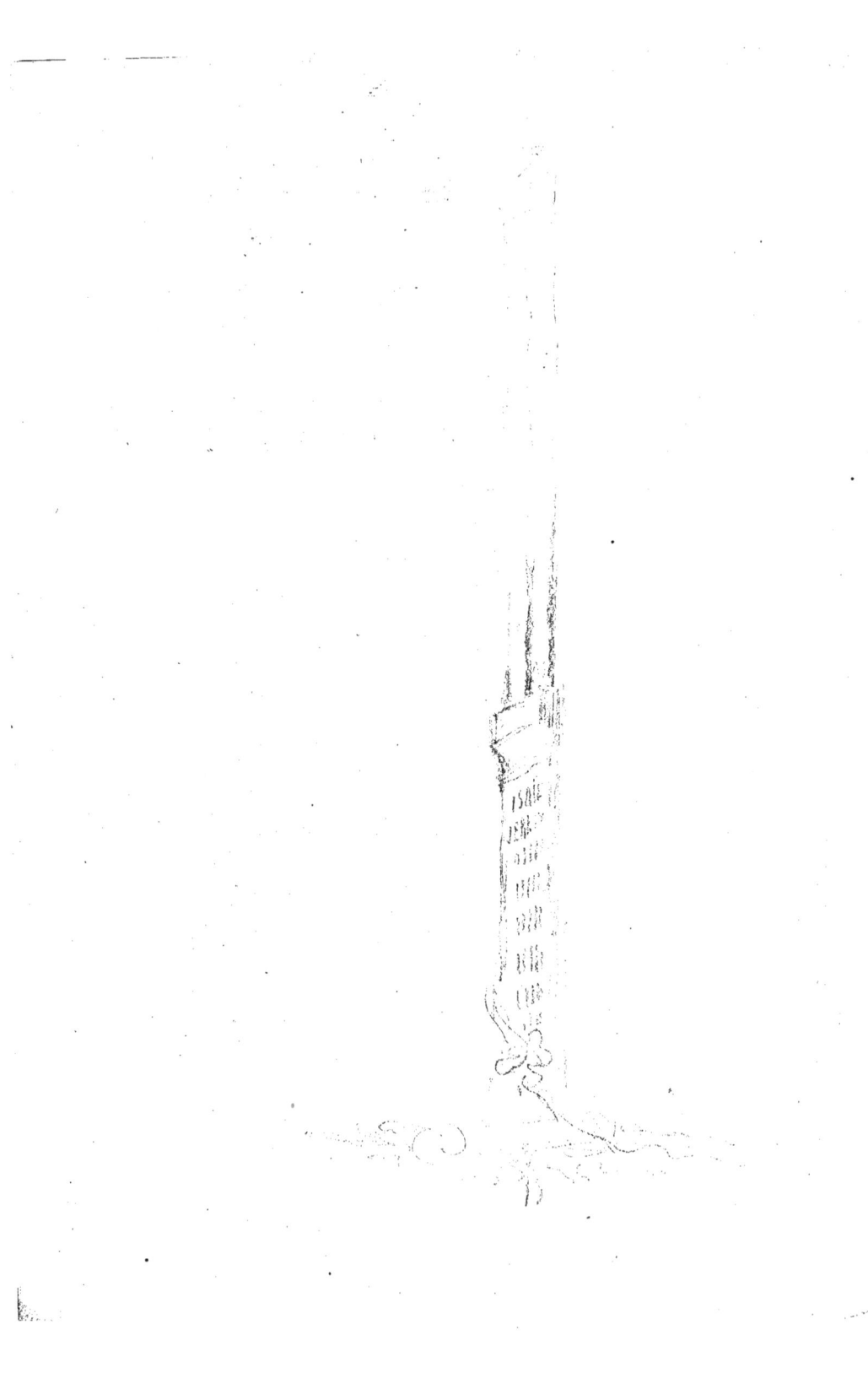

9. Les sages leur répondirent : De peur que ce que nous en avons ne suffise pas pour vous et pour nous, allez plutôt à ceux qui en vendent, et achetez-en ce qu'il vous en faut.

10. Mais, pendant qu'elles allaient en acheter, l'époux arriva; et celles qui étaient prêtes entrèrent avec lui aux noces, et la porte fut fermée.

11. Enfin les autres vierges vinrent aussi, et lui dirent : Seigneur, Seigneur, ouvrez-nous.

12. Mais il leur répondit : Je vous le dis en vérité, je ne vous connais point.

13. Veillez donc, parce que vous ne savez ni le jour ni l'heure.

14. Car il agit comme un homme qui, devant faire un long voyage, appela ses serviteurs et leur mit son bien entre les mains.

15. Et ayant donné cinq talents à l'un, deux à un autre, et un à un autre, selon la capacité de chacun d'eux, il partit aussitôt.

16. Celui donc qui avait reçu cinq talents s'en alla, et les fit valoir, et il en gagna cinq autres.

17. Celui qui en avait reçu deux, en gagna de même encore deux autres.

18. Mais celui qui n'en avait reçu qu'un, alla faire un trou dans la terre, et y cacha l'argent de son maître.

19. Longtemps après, le maître de ces serviteurs étant venu, leur fit rendre compte.

20. Celui qui avait reçu cinq talents s'approchant, en présenta cinq autres, et dit : Seigneur, vous m'avez donné cinq talents, en voilà cinq autres que j'ai gagnés de plus.

21. Son maître lui répondit : Bien! ô bon et fidèle serviteur, parce que vous avez été fidèle dans de petites choses, je vous établirai sur de beaucoup plus grandes : entrez dans la joie de votre seigneur.

22. Celui qui avait reçu deux talents s'approcha aussi, et dit : Seigneur, vous m'avez donné deux talents, en voici deux autres que j'ai gagnés.

23. Son maître lui répondit : Bien! ô bon et fidèle serviteur; parce que vous avez été fidèle dans de petites choses, je vous établirai sur de beaucoup plus grandes : entrez dans la joie de votre seigneur.

24. Celui qui n'avait reçu qu'un talent, s'approchant ensuite, dit : Seigneur, je sais que vous êtes un homme dur, que vous moissonnez où vous n'avez point semé, et que vous recueillez où vous n'avez rien répandu.

25. C'est pourquoi, dans ma crainte, j'ai été cacher votre talent dans la terre : le voici, je vous rends ce qui vous appartient.

26. Mais son maître lui répondit : Serviteur méchant et paresseux, vous saviez que je moissonne où je n'ai point semé, et que je recueille où je n'ai rien répandu :

27. Vous deviez donc mettre mon argent entre les mains des banquiers, et, à mon retour, j'eusse retiré avec intérêt ce qui est à moi.

28. Qu'on lui ôte donc le talent qu'il a, et qu'on le donne à celui qui a dix talents.

29. Car on donnera à celui qui a déjà, et il sera dans l'abondance; mais pour celui qui n'a rien, on lui ôtera même ce qu'il semble avoir.

30. Quant à ce serviteur inutile, qu'on le jette dans les ténèbres extérieures; c'est là qu'il y aura des pleurs et des grincements de dents.

31. Or, quand le Fils de l'homme viendra dans sa majesté, accompagné de tous ses anges, il sera assis sur le trône de sa gloire.

32. Et toutes les nations seront rassemblées devant lui, et il séparera les uns d'avec les autres, comme un berger sépare les brebis d'avec les boucs ;

33. Et il mettra les brebis à sa droite et les boucs à sa gauche.

34. Alors le roi dira à ceux qui seront à sa droite : Venez, les bénis de mon Père; possédez le royaume qui vous a été préparé dès le commencement du monde :

35. Car j'ai eu faim, et vous m'avez donné à manger; j'ai eu soif, et vous m'avez donné à boire; j'étais étranger, et vous m'avez recueilli ;

36. J'ai été nu, et vous m'avez revêtu; j'ai été malade, et vous m'avez visité; j'ai été en prison, et vous êtes venus me voir.

37. Alors les justes lui répondront : Seigneur, quand est-ce que nous vous avons vu avoir faim, et que nous vous avons donné à manger? ou avoir soif, et que nous vous avons donné à boire?

38. Quand est-ce que nous vous avons vu étranger, et que nous vous avons recueilli? ou sans habits, et que nous vous avons revêtu?

39. Et quand est-ce que nous vous avons vu malade ou en prison, et que nous sommes venus vous visiter?

40. Et le roi leur répondra : Je vous le dis en vérité, autant de fois que vous l'avez fait à un des moindres de mes frères que voici, c'est à moi-même que vous l'avez fait.

41. Il dira ensuite à ceux qui seront à sa gauche : Allez loin de moi, maudits, au feu éternel, qui a été préparé pour le diable et pour ses anges ;

42. Car j'ai eu faim, et vous ne m'avez pas donné à manger; j'ai eu soif, et vous ne m'avez pas donné à boire;

43. J'étais étranger, et vous ne m'avez point recueilli; j'ai été sans habits, et vous ne m'avez point revêtu; j'ai été malade et en prison, et vous ne m'avez point visité.

44. Alors ils lui répondront aussi : Seigneur, quand est-ce que nous vous avons vu avoir faim, ou avoir soif, ou être étranger, ou sans habits, ou malade, ou en prison, et que nous vous avons manqué de vous assister ?

45. Mais il leur répondra : Je vous dis, en vérité, autant de fois que vous avez manqué de le faire à un de ces plus petits, vous avez manqué de le faire à moi-même.

46. Et ceux-ci iront dans le supplice éternel, et les justes dans la vie éternelle.

CHAPITRE XXVI

Conspiration des Juifs. Parfums répandus sur la tête de Jésus-Christ. Trahison de Judas. Dernière cène. Institution de l'Eucharistie. Renoncement de saint Pierre prédit. Prière de Jésus dans le jardin. Il est pris, conduit chez Caïphe, accusé, condamné, outragé. Renoncement et pénitence de saint Pierre.

1. Jésus ayant achevé tous ces discours, il dit à ses disciples :

2. Vous savez que la pâque se fera dans deux jours, et que le Fils de l'homme sera livré pour être crucifié.

3. En ce même temps les princes des prêtres et les anciens du peuple s'assemblèrent dans la salle du grand prêtre appelé Caïphe,

4. Et tinrent conseil ensemble pour se saisir de Jésus, par ruse, et le faire mourir.

5. Et ils disaient : Il ne faut pas que ce soit pendant la fête, de peur qu'il ne s'excite quelque tumulte parmi le peuple.

6. Or, comme Jésus était en Béthanie, dans la maison de Simon le lépreux,

7. Une femme vint à lui avec un vase d'albâtre plein d'un parfum de grand prix, qu'elle lui répandit sur la tête, lorsqu'il était à table.

---

6. *Simon le lépreux*; c'est-à-dire qui avait été lépreux.
15. *Trente pièces d'argent*: c'est-à-dire trente sicles, qui font environ
15. Chez les Hébreux, le talent valait environ 4,414 francs.
27. *Il fallait donc*, etc. Voy. page 466.
30. *Dans les ténèbres extérieures*. Compar. VIII, 12.
5. Les *phylactères*, ou préservatifs étaient des bandes de parchemin qu'ils portaient sur le front et sur le bras, et sur lesquelles étaient écrites certaines paroles de la loi. Compar. *Exode*, XIII, 16; *Deutér*., VI, 8; XI, 18.
— Et des franges fort longues. Compar. *Matth.*, IX, 20.
9-10. Ce qui se lit dans ces deux versets veut dire que nous devons mettre incomparablement notre Père céleste au-dessus de tout père selon la chair, et que nous ne devons suivre aucun maître qui nous détourne de Jésus-Christ. Mais cela ne nous empêche pas d'avoir, conformément à la loi divine, tout le respect dû pour nos pères selon la chair, pour nos pères spirituels (*I Corinth.*, IV, 15) et pour nos maîtres et précepteurs.
15. *Fils de la géhenne*; c'est-à-dire de l'enfer; hébraïsme, digne de l'enfer. Ainsi le sens est : Vous le rendez digne de l'enfer deux fois plus que vous. — *Géhenne*, Voy. v, 22.
27. Les Juifs, dans la crainte qu'on ne se souillât en touchant les tombeaux, les blanchissaient au dehors afin qu'on les distinguât.

9. Les sages leur répondirent : De peur que ce que nous en avons ne suffise pas pour vous et pour nous, allez plutôt à ceux qui en vendent, et achetez-en ce qu'il vous en faut.

10. Mais, pendant qu'elles allaient en acheter, l'époux arriva; et celles qui étaient prêtes entrèrent avec lui aux noces, et la porte fut fermée.

11. Enfin les autres vierges vinrent aussi, et lui dirent : Seigneur, Seigneur, ouvrez-nous.

12. Mais il leur répondit : Je vous le dis en vérité, je ne vous connais point.

13. Veillez donc, parce que vous ne savez ni le jour ni l'heure.

14. Car il agit comme un homme qui, devant faire un long voyage, appela ses serviteurs et leur mit son bien entre les mains.

15. Et ayant donné cinq talents à l'un, deux à un autre, et un à un autre, selon la capacité de chacun d'eux, il partit aussitôt.

16. Celui donc qui avait reçu cinq talents s'en alla, et les fit valoir, et il en gagna cinq autres.

17. Celui qui en avait reçu deux, en gagna de même encore deux autres.

18. Mais celui qui n'en avait reçu qu'un, alla faire un trou dans la terre, et y cacha l'argent de son maître.

19. Longtemps après, le maître de ces serviteurs étant venu, leur fit rendre compte.

20. Celui qui avait reçu cinq talents s'approchant, en présenta cinq autres, et dit : Seigneur, vous m'avez donné cinq talents, en voilà cinq autres que j'ai gagnés de plus.

21. Son maître lui répondit : Bien ! ô bon et fidèle serviteur ; parce que vous avez été fidèle dans de petites choses, je vous établirai sur beaucoup plus grandes : entrez dans la joie de votre seigneur.

22. Celui qui avait reçu deux talents s'approcha aussi, et dit : Seigneur, vous m'avez donné deux talents, voici deux autres que j'ai gagnés.

23. Son maître lui répondit : Bien ! ô bon et fidèle serviteur ; parce que vous avez été fidèle dans de petites choses, je vous établirai sur beaucoup plus grandes : entrez dans la joie de votre seigneur.

24. Celui qui n'avait reçu qu'un talent, s'approchant ensuite, dit : Seigneur, je sais que vous êtes un homme dur, que vous moissonnez où vous n'avez point semé, et que vous recueillez où vous n'avez rien répandu.

25. C'est pourquoi, dans ma crainte, j'ai été cacher votre talent dans la terre : le voici, je vous rends ce qui vous appartient.

26. Mais son maître lui répondit : Serviteur méchant et paresseux, vous saviez que je moissonne où je n'ai point semé, et que je recueille où je n'ai rien répandu :

27. Vous deviez donc mettre mon argent entre les mains des banquiers, et, à mon retour, j'eusse retiré avec intérêt ce qui est à moi.

28. Qu'on lui ôte donc le talent qu'il a, et qu'on le donne à celui qui a dix talents.

29. Car on donnera à celui qui a déjà, et il sera dans l'abondance ; mais pour celui qui n'a rien, on lui ôtera même ce qu'il semble avoir.

30. Qu'on jette ce serviteur inutile, qu'on le jette dans les ténèbres extérieures : c'est là qu'il y aura des pleurs et des grincements de dents.

31. Or, quand le Fils de l'homme viendra dans sa majesté, accompagné de tous ses anges, il sera assis sur le trône de sa gloire.

32. Et toutes les nations seront rassemblées devant lui, et il

6. *Simon le lépreux* ; c'est-à-dire qui avait été lépreux.
15. *Trente pièces d'argent* ; c'est-à-dire trente sicles, qui font environ 85. Chez les Hébreux, le talent valait environ 4,414 francs.
27. *Il fallait donc*, etc. Voy. page 460.
30. *Dans les ténèbres extérieures.* Compar. VIII, 12.
5. *Les phylactères* ou préservatifs étaient des bandes de parchemin qu'ils portaient sur le front et sur le bras, et sur lesquelles étaient écrites certaines paroles de la loi. Compar. *Exode*, XIII, 16 ; *Deutér.* VI, 8 ; XI, 18. — *Et des franges fort longues.* Compar. *Matth.*, IX, 20.
9-10. Ce qui se lit dans ces deux versets veut dire que nous devons

séparera les uns d'avec les autres, comme un berger sépare les brebis d'avec les boucs.

33. Et il mettra les brebis à sa droite et les boucs à sa gauche.

34. Alors le roi dira à ceux qui seront à sa droite : Venez, les bénis de mon Père ; possédez le royaume qui vous a été préparé dès le commencement du monde :

35. Car j'ai eu faim, et vous m'avez donné à manger ; j'ai eu soif, et vous m'avez donné à boire ; j'étais étranger, et vous m'avez recueilli ;

36. J'ai été nu, et vous m'avez revêtu ; j'ai été malade, et vous m'avez visité ; j'ai été en prison, et vous êtes venus me voir.

37. Alors les justes lui répondront : Seigneur, quand est-ce que nous vous avons vu avoir faim, et que nous vous avons donné à manger ? ou avoir soif, et que nous vous avons donné à boire ?

38. Quand est-ce que nous vous avons vu étranger, et que nous vous avons recueilli ? ou sans habits, et que nous vous avons revêtu ?

39. Et quand est-ce que nous vous avons vu malade ou en prison, et que nous sommes venus vous visiter ?

40. Et le roi leur répondra : Je vous le dis en vérité, autant de fois que vous l'avez fait à un de ces moindres de mes frères que voici, c'est à moi-même que vous l'avez fait.

41. Il dira ensuite à ceux qui seront à sa gauche : Allez loin de moi, maudits, au feu éternel, qui a été préparé pour le diable et pour ses anges ;

42. Car j'ai eu faim, et vous ne m'avez pas donné à manger ; j'ai eu soif, et vous ne m'avez pas donné à boire ;

43. J'étais étranger, et vous ne m'avez point recueilli ; j'ai été sans habits, et vous ne m'avez point revêtu ; j'ai été malade et en prison, et vous ne m'avez point visité.

44. Alors ils lui répondront aussi : Seigneur, quand est-ce que nous vous avons vu avoir faim, ou avoir soif, ou être étranger, ou sans habits, ou malade, ou en prison, et que nous avons manqué de vous assister ?

45. Mais il leur répondra : Je vous dis, en vérité, autant de fois que vous avez manqué de le faire à un de ces plus petits, vous avez manqué de le faire à moi-même.

46. Et ceux-ci iront dans le supplice éternel, et les justes dans la vie éternelle.

CHAPITRE XXVI

Conspiration des Juifs. Parfums répandus sur la tête de Jésus-Christ. Trahison de Judas. Dernière cène. Institution de l'Eucharistie. Renoncement de saint Pierre prédit. Prière de Jésus dans le jardin. Il est pris, conduit chez Caïphe, accusé, condamné, outragé. Renoncement et pénitence de saint Pierre.

1. Jésus ayant achevé tous ces discours, il dit à ses disciples :

2. Vous savez que la pâque se fera dans deux jours, et que le Fils de l'homme sera livré pour être crucifié.

3. En ce même temps les princes des prêtres et les anciens du peuple s'assemblèrent dans la salle du grand prêtre appelé Caïphe,

4. Et tinrent conseil ensemble pour se saisir de Jésus, par ruse, et le faire mourir.

5. Et ils disaient : Il ne faut pas que ce soit pendant la fête, de peur qu'il ne s'excite quelque tumulte parmi le peuple.

6. Or, comme Jésus était en Béthanie, dans la maison de Simon le lépreux,

7. Une femme vint à lui avec un vase d'albâtre plein d'un parfum de grand prix, qu'elle lui répandit sur la tête, lorsqu'il était à table.

mettre incomparablement notre Père céleste au-dessus de tout père selon la chair, et que nous ne devons suivre aucun maître qui nous détourne de Jésus-Christ. Mais cela ne nous empêche pas d'avoir, conformément à la loi divine, tout le respect dû pour nos pères selon la chair, pour nos pères spirituels (*I Corinth.*, IV, 15) et pour nos maîtres et précepteurs.
15. *Fils de la géhenne*, c'est-à-dire de l'enfer ; hébraïsme, pour digne de l'enfer. Ainsi le sens est : Vous le rendez digne de l'enfer deux fois plus que vous. — *Géhenne*. Voy. V, 22.
27. Les Juifs, dans la crainte qu'on ne se souillât en touchant les tombeaux, les blanchissaient au dehors afin qu'on les distinguât.

5. Ils font toutes leurs œuvres pour être vus des hommes; car ils portent de très-larges phylactères, et des franges fort longues.

6. Ils aiment les premières places dans les festins et les premiers sièges dans les synagogues;

7. Les salutations dans les places publiques; et à être appelés maîtres par les hommes.

8. Pour vous, ne veuillez pas être appelés maîtres; car un seul est votre maître et vous êtes tous frères.

9. Et n'appelez sur la terre personne votre père; car un seul est votre Père, lequel est dans les cieux.

10. Qu'on ne vous appelle point non plus maîtres; parce qu'un seul est votre maître, le Christ.

11. Celui qui est le plus grand parmi vous, sera votre serviteur.

12. Car quiconque s'exaltera, sera humilié, et quiconque s'humiliera sera exalté.

13. Mais malheur à vous, scribes et pharisiens hypocrites, parce que vous fermez aux hommes le royaume des cieux. Vous n'entrez pas vous-mêmes, et vous ne souffrez pas que les autres entrent.

14. Malheur à vous, scribes et pharisiens hypocrites, parce que, sous le prétexte de vos longues prières, vous dévorez les maisons des veuves : c'est pour cela que vous subirez un jugement plus rigoureux.

15. Malheur à vous, scribes et pharisiens hypocrites, parce que vous parcourez la mer et la terre pour faire un prosélyte; et quand il est fait, vous faites de lui un fils de la géhenne deux fois plus que vous.

16. Malheur à vous, guides aveugles, qui dites : Quiconque jure par le temple, ce n'est rien ; mais quiconque jure par l'or du temple, doit ce qu'il a juré.

17. Insensés et aveugles, lequel est le plus grand, l'or ou le temple qui sanctifie l'or?

18. Et quiconque jure par l'autel, ce n'est rien : mais quiconque jure par l'offrande déposée sur l'autel, est engagé.

19. Aveugles, lequel est le plus grand, l'offrande ou l'autel qui sanctifie l'offrande?

20. Celui donc qui jure par l'autel, jure par lui et par tout ce qui est dessus lui.

21. Et quiconque jure par le temple jure par lui et par celui dont il est la demeure.

22. Et celui qui jure par le ciel, jure par le trône de Dieu et par celui qui y est assis.

23. Malheur à vous, pharisiens et scribes hypocrites, qui payez la dîme de la menthe et de l'aneth et du cumin, et qui négligez les choses les plus graves de la loi, la justice, la miséricorde et la foi; il fallait faire ceci et ne pas omettre cela.

24. Guides aveugles, qui employez un filtre pour le moucheron, et qui avalez le chameau.

25. Malheur à vous, scribes et pharisiens hypocrites, parce que vous nettoyez les dehors de la coupe et du plat, tandis qu'au dedans vous êtes pleins de souillures et de rapine.

26. Pharisien aveugle, nettoie d'abord le dedans de la coupe et du plat, afin que le dehors soit net aussi.

27. Malheur à vous, scribes et pharisiens hypocrites, parce que vous ressemblez à des sépulcres blanchis, qui au dehors paraissent beaux aux hommes, mais au dedans sont pleins d'ossements de morts et de toute sorte de pourriture.

28. Ainsi vous aussi, au dehors, vous paraissez justes aux hommes; mais au dedans vous êtes pleins d'hypocrisie et d'iniquité.

29. Malheur à vous, scribes et pharisiens hypocrites, qui bâtissez les tombeaux des prophètes, ornez les monuments des justes,

30. Et qui dites : Si nous avions été du temps de nos pères, nous n'aurions pas été complices avec eux du sang des prophètes.

31. Ainsi vous êtes à vous-mêmes un témoignage que vous êtes les fils de ceux qui ont tué les prophètes.

32. Comblez donc aussi la mesure de vos pères.

33. Serpents, races de vipères, comment fuirez-vous le jugement

---

5. Les *phylactères* ou préservatifs étaient des bandes de parchemin qu'ils portaient sur le front et sur le bras, et sur lesquelles étaient écrites certaines paroles de la loi. Compar. *Exode*, XIII, 10 ; *Deutér.*, VI, 8 ; XI, 18. — *Et des franges fort longues.* Compar. *Matth.*, IX, 20.

9-10. Ce qui se lit dans ces deux versets veut dire que nous devons mettre incomparablement notre Père céleste au-dessus de tout père selon la chair, et que nous ne devons suivre aucun maître qui nous détourne de Jésus-Christ. Mais cela ne nous empêche pas d'avoir, conformément à la loi divine, tout le respect dû pour nos pères selon la chair, pour nos pères spirituels (*I Corinth.*, IV, 15) et pour nos maîtres et précepteurs.

15. *Fils de la géhenne*; c'est-à-dire de l'enfer ; hébraïsme, pour digne de l'enfer. Ainsi le sens est : Vous le rendez digne de l'enfer deux fois plus que vous. — *Géhenne.* Voy. V, 22.

27. Les Juifs, dans la crainte qu'on ne se souillât en touchant les tombeaux, les blanchissaient au dehors afin qu'on les distinguât.

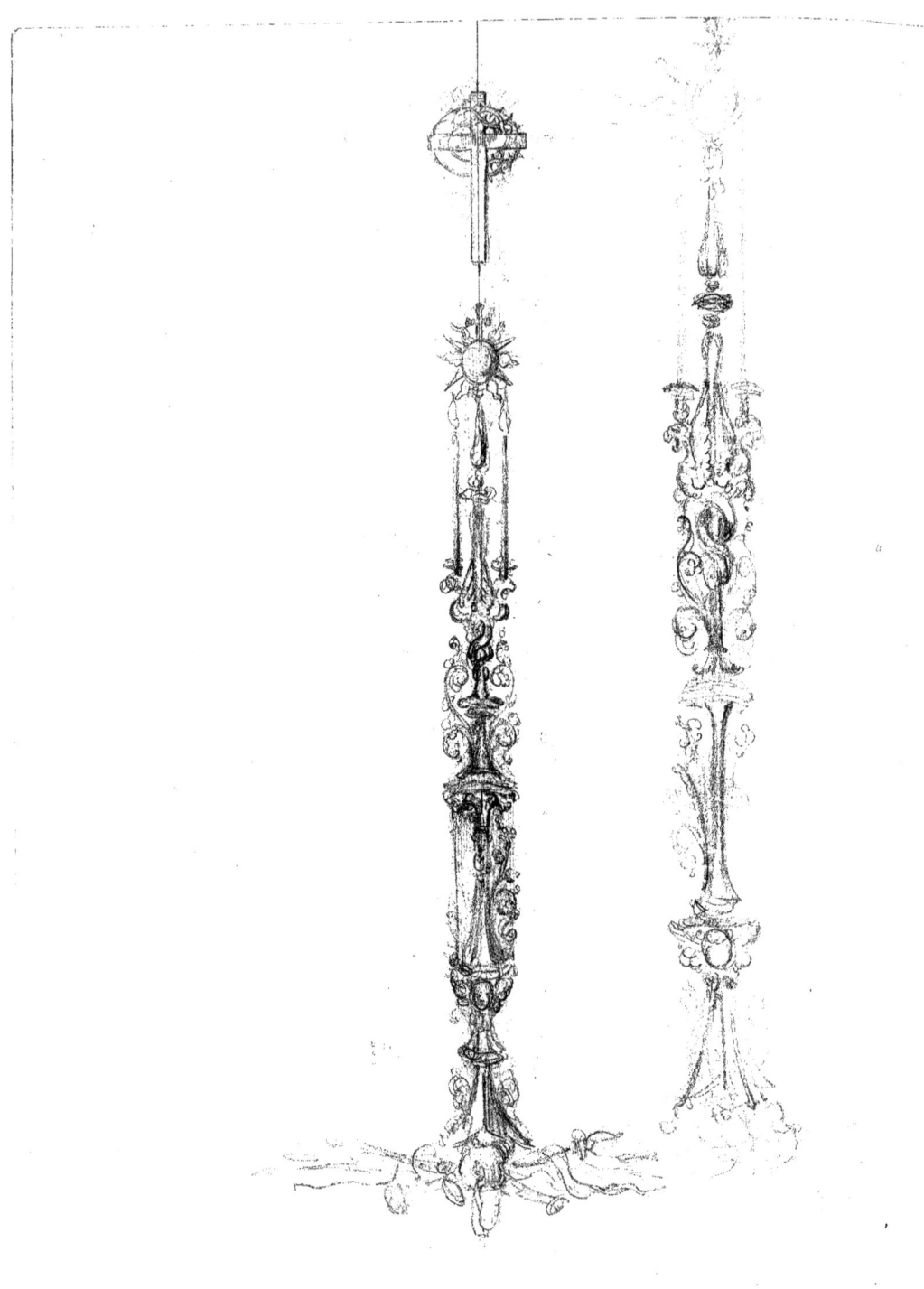

9. Les sages leur répondirent : De peur que ce que nous en avons ne suffise pas pour vous et pour nous, allez plutôt à ceux qui en vendent, et achetez-en ce qu'il vous en faut.

10. Mais, pendant qu'elles allaient en acheter, l'époux arriva ; et celles qui étaient prêtes entrèrent avec lui aux noces, et la porte fut fermée.

11. Enfin les autres vierges vinrent aussi, et lui dirent : Seigneur, Seigneur, ouvrez-nous.

12. Mais il leur répondit : Je vous le dis en vérité, je ne vous connais point.

13. Veillez donc, parce que vous ne savez ni le jour ni l'heure.

14. Car il agit comme un homme qui, devant faire un long voyage, appela ses serviteurs et leur mit son bien entre les mains.

15. Et ayant donné cinq talents à l'un, deux à un autre, et un à un autre, selon la capacité de chacun d'eux, il partit aussitôt.

16. Celui donc qui avait reçu cinq talents s'en alla, et les fit valoir, et il en gagna cinq autres.

17. Celui qui en avait reçu deux, en gagna de même encore deux autres.

18. Mais celui qui n'en avait reçu qu'un, alla faire un trou dans la terre, et y cacha l'argent de son maître.

19. Longtemps après, le maître de ces serviteurs étant venu, leur fit rendre compte.

20. Celui qui avait reçu cinq talents s'approchant, en présenta cinq autres, et dit : Seigneur, vous m'avez donné cinq talents, en voilà cinq autres que j'ai gagnés de plus.

21. Son maître lui répondit : Bien ! ô bon et fidèle serviteur ; parce que vous avez été fidèle dans de petites choses, je vous établirai sur de beaucoup plus grandes : entrez dans la joie de votre seigneur.

22. Celui qui avait reçu deux talents s'approcha aussi, et dit : Seigneur, vous m'avez donné deux talents, en voici deux autres que j'ai gagnés.

23. Son maître lui répondit : Bien ! ô bon et fidèle serviteur ; parce que vous avez été fidèle dans de petites choses, je vous établirai sur de beaucoup plus grandes : entrez dans la joie de votre seigneur.

24. Celui qui n'avait reçu qu'un talent, s'approchant ensuite, dit : Seigneur, je sais que vous êtes un homme dur, que vous moissonnez où vous n'avez point semé, et que vous recueillez où vous n'avez rien répandu.

25. C'est pourquoi, dans ma crainte, j'ai été cacher votre talent dans la terre : le voici, je vous rends ce qui vous appartient.

26. Mais son maître lui répondit : Serviteur méchant et paresseux, vous saviez que je moissonne où je n'ai point semé, et que je recueille où je n'ai rien répandu :

27. Vous deviez donc mettre mon argent entre les mains des banquiers, et, à mon retour, j'eusse retiré avec intérêt ce qui est à moi.

28. Qu'on lui ôte donc le talent qu'il a, et qu'on le donne à celui qui a dix talents.

29. Car on donnera à celui qui a déjà, et il sera dans l'abondance ; mais pour celui qui n'a rien, on lui ôtera même ce qu'il semble avoir.

30. Quant à ce serviteur inutile, qu'on le jette dans les ténèbres extérieures : c'est là qu'il y aura des pleurs et des grincements de dents.

31. Or, quand le Fils de l'homme viendra dans sa majesté, accompagné de tous ses anges, il sera assis sur le trône de sa gloire.

32. Et toutes les nations seront rassemblées devant lui, et il

séparera les uns d'avec les autres, comme un berger sépare les brebis d'avec les boucs ;

33. Et il mettra les brebis à sa droite et les boucs à sa gauche.

34. Alors le roi dira à ceux qui seront à sa droite : Venez, les bénis de mon Père ; possédez le royaume qui vous a été préparé dès le commencement du monde :

35. Car j'ai eu faim, et vous m'avez donné à manger ; j'ai eu soif, et vous m'avez donné à boire ; j'étais étranger, et vous m'avez recueilli ;

36. J'ai été nu, et vous m'avez revêtu ; j'ai été malade, et vous m'avez visité ; j'ai été en prison, et vous êtes venus me voir.

37. Alors les justes lui répondront : Seigneur, quand est-ce que nous vous avons vu avoir faim, et que nous vous avons donné à manger ? ou avoir soif, et que nous vous avons donné à boire ?

38. Quand est-ce que nous vous avons vu étranger, et que nous vous avons recueilli ? ou sans habits, et que nous vous avons revêtu ?

39. Et quand est-ce que nous vous avons vu malade ou en prison, et que nous sommes venus vous visiter ?

40. Et le roi leur répondra : Je vous le dis en vérité, autant de fois que vous l'avez fait à un de mes moindres de mes frères que voici, c'est à moi-même que vous l'avez fait.

41. Il dira ensuite à ceux qui seront à sa gauche : Allez loin de moi, maudits, au feu éternel, qui a été préparé pour le diable et pour ses anges ;

42. Car j'ai eu faim, et vous ne m'avez pas donné à manger ; j'ai eu soif, et vous ne m'avez pas donné à boire ;

43. J'étais étranger, et vous ne m'avez point recueilli ; j'ai été sans habits, et vous ne m'avez point revêtu ; j'ai été malade et en prison, et vous ne m'avez point visité.

44. Alors ils lui répondront aussi : Seigneur, quand est-ce que nous vous avons vu avoir faim, ou avoir soif, ou être étranger, ou sans habits, ou malade, ou en prison, et que nous avons manqué de vous assister ?

45. Mais il leur répondra : Je vous dis, en vérité, autant de fois que vous avez manqué de le faire à un de ces plus petits, vous avez manqué de le faire à moi-même.

46. Et ceux-ci iront dans le supplice éternel, et les justes dans la vie éternelle.

CHAPITRE XXVI

Conspiration des Juifs. Parfums répandus sur la tête de Jésus-Christ. Trahison de Judas. Dernière cène. Institution de l'Eucharistie. Renoncement de saint Pierre prédit. Prière de Jésus dans le jardin. Il est pris, conduit chez Caïphe, accusé, condamné, outragé. Renoncement et pénitence de saint Pierre.

1. Jésus ayant achevé tous ces discours, il dit à ses disciples :

2. Vous savez que la pâque se fera dans deux jours, et que le Fils de l'homme sera livré pour être crucifié.

3. En ce même temps les princes des prêtres et les anciens du peuple s'assemblèrent dans la salle du grand prêtre appelé Caïphe,

4. Et tinrent conseil ensemble pour se saisir de Jésus, par ruse, et le faire mourir.

5. Et ils disaient : Il ne faut pas que ce soit pendant la fête, de peur qu'il ne s'excite quelque tumulte parmi le peuple.

6. Or, comme Jésus était en Béthanie, dans la maison de Simon le lépreux,

7. Une femme vint à lui avec un vase d'albâtre plein d'un parfum de grand prix, qu'elle lui répandit sur la tête, lorsqu'il était à table.

---

6. *Simon le lépreux* ; c'est-à-dire qui avait été lépreux.

15. *Trente pièces d'argent* ; c'est à-dire trente sicles, qui font environ 4,414 francs. Chez les Hébreux, le talent valait environ 4,414 francs.

27. *Il fallait donc*, etc. Voy. page 466.

30. *Dans les ténèbres extérieures*. Compar. VIII, 12.

5. Les *phylactères* ou préservatifs étaient des bandes de parchemin qu'ils portaient sur le front et sur le bras, et sur lesquelles étaient écrites certaines paroles de la loi. Compar. *Exode*, XIII, 16 ; *Deutér.*, VI, 8 ; XI, 18. — *Et des franges fort longues*. Compar. *Math.*, IX, 20.

9-10. Ce qui se lit dans ces deux versets veut dire que nous devons

mettre incomparablement notre Père céleste au-dessus de tout père selon la chair, et que nous ne devons suivre aucun maître qui nous détourne de Jésus-Christ. Mais cela ne nous empêche pas d'avoir, conformément à la loi divine, tout le respect dû pour nos pères selon la chair, pour nos pères spirituels (*I Corinth.*, IV, 15) et pour nos maîtres et précepteurs.

15. *Fils de la géhenne* ; c'est-à-dire de l'enfer ; hébraïsme, pour digne de l'enfer. Ainsi le sens est : Vous le rendez digne de l'enfer deux fois plus que vous. — *Géhenne*. Voy. V, 22.

27. Les Juifs, dans la crainte qu'on ne se souillât en touchant les tombeaux, les blanchissaient au dehors afin qu'on les distinguât.

9. Les sages leur répondirent : De peur que ce que nous en avons ne suffise pas pour vous et pour nous, allez plutôt à ceux qui en vendent, et achetez-en ce qu'il vous en faut.

10. Mais, pendant qu'elles allaient en acheter, l'époux arriva ; et celles qui étaient prêtes entrèrent avec lui aux noces, et la porte fut fermée.

11. Enfin les autres vierges vinrent aussi, et lui dirent : Seigneur, Seigneur, ouvrez-nous.

12. Mais il leur répondit : Je vous le dis en vérité, je ne vous connais point.

13. Veillez donc, parce que vous ne savez ni le jour ni l'heure.

14. Car il agit comme un homme qui, devant faire un long voyage, appela ses serviteurs et leur mit son bien entre les mains.

15. Et ayant donné cinq talents à l'un, deux à un autre, et un à un autre, selon la capacité de chacun d'eux, il partit aussitôt.

16. Celui donc qui avait reçu cinq talents s'en alla, et les fit valoir, et en gagna cinq autres.

17. Celui qui en avait reçu deux, en gagna de même encore deux autres.

18. Mais celui qui n'en avait reçu qu'un, alla faire un trou dans la terre, et y cacha l'argent de son maître.

19. Longtemps après, le maître de ces serviteurs étant venu, leur fit rendre compte.

20. Celui qui avait reçu cinq talents s'approchant, en présenta cinq autres, et dit : Seigneur, vous m'avez donné cinq talents, en voilà cinq autres que j'ai gagnés de plus.

21. Son maître lui répondit : Bien ! ô bon et fidèle serviteur ; parce que vous avez été fidèle dans de petites choses, je vous établirai sur de beaucoup plus grandes : entrez dans la joie de votre seigneur.

22. Celui qui avait reçu deux talents s'approcha aussi, et dit : Seigneur, vous m'avez donné deux talents, en voici deux autres que j'ai gagnés.

23. Son maître lui répondit : Bien ! ô bon et fidèle serviteur ; parce que vous avez été fidèle dans de petites choses, je vous établirai sur de beaucoup plus grandes : entrez dans la joie de votre seigneur.

24. Celui qui n'avait reçu qu'un talent, s'approchant ensuite, dit : Seigneur, je sais que vous êtes un homme dur, que vous moissonnez où vous n'avez point semé, et que vous recueillez où vous n'avez rien répandu.

25. C'est pourquoi, dans ma crainte, j'ai été cacher votre talent dans la terre ; le voici, je vous rends ce qui vous appartient.

26. Mais son maître lui répondit : Serviteur méchant et paresseux, vous saviez que je moissonne où je n'ai point semé, et que je recueille où je n'ai rien répandu ?

27. Vous deviez donc mettre mon argent entre les mains des banquiers, et, à mon retour, j'eusse retiré avec intérêt ce qui est à moi.

28. Qu'on lui ôte donc le talent qu'il a, et qu'on le donne à celui qui a dix talents.

29. Car on donnera à celui qui a déjà, et il sera dans l'abondance ; mais pour celui qui n'a rien, on lui ôtera même ce qu'il semble avoir.

30. Quant à ce serviteur inutile, qu'on le jette dans les ténèbres extérieures ; c'est là qu'il y aura des pleurs et des grincements de dents.

31. Or, quand le Fils de l'homme viendra dans sa majesté, accompagné de tous ses anges, il sera assis sur le trône de sa gloire.

32. Et toutes les nations seront rassemblées devant lui, et il séparera les uns d'avec les autres, comme un berger sépare les brebis d'avec les boucs ;

33. Et il mettra les brebis à sa droite et les boucs à sa gauche.

34. Alors le roi dira à ceux qui seront à sa droite : Venez, les bénis de mon Père ; possédez le royaume qui vous a été préparé dès le commencement du monde :

35. Car j'ai eu faim, et vous m'avez donné à manger ; j'ai eu soif, et vous m'avez donné à boire ; j'étais étranger, et vous m'avez recueilli ;

36. J'ai été nu, et vous m'avez revêtu ; j'ai été malade, et vous m'avez visité ; j'ai été en prison, et vous êtes venus me voir.

37. Alors les justes lui répondront : Seigneur, quand est-ce que nous vous avons vu avoir faim, et que nous vous avons donné à manger ? ou avoir soif, et que nous vous avons donné à boire ?

38. Quand est-ce que nous vous avons vu étranger, et que nous vous avons recueilli ? ou sans habits, et que nous vous avons revêtu ?

39. Et quand est-ce que nous vous avons vu malade ou en prison, et que nous sommes venus vous visiter ?

40. Et le roi leur répondra : Je vous le dis en vérité, autant de fois que vous l'avez fait à un des moindres de mes frères que voici, c'est à moi-même que vous l'avez fait.

41. Il dira ensuite à ceux qui seront à sa gauche : Allez loin de moi, maudits, au feu éternel, qui a été préparé pour le diable et pour ses anges :

42. Car j'ai eu faim, et vous ne m'avez pas donné à manger ; j'ai eu soif, et vous ne m'avez pas donné à boire ;

43. J'étais étranger, et vous ne m'avez point recueilli ; j'ai été sans habits, et vous ne m'avez point revêtu ; j'ai été malade et en prison, et vous ne m'avez point visité.

44. Alors ils lui répondront aussi : Seigneur, quand est-ce que nous vous avons vu avoir faim, ou avoir soif, ou être étranger, ou sans habits, ou malade, ou en prison, et que nous avons manqué de vous assister ?

45. Mais il leur répondra : Je vous dis, en vérité, autant de fois que vous avez manqué de le faire à un de ces plus petits, vous avez manqué de le faire à moi-même.

46. Et ceux-ci iront dans le supplice éternel, et les justes dans la vie éternelle.

CHAPITRE XXVI

Conspiration des Juifs. Parfums répandus sur la tête de Jésus-Christ. Trahison de Judas. Dernière cène. Institution de l'Eucharistie. Renoncement de saint Pierre prédit. Prière de Jésus dans le jardin. Il est pris, conduit chez Caïphe, accusé, condamné, outragé. Renoncement et pénitence de saint Pierre.

1. Jésus ayant achevé tous ces discours, il dit à ses disciples :

2. Vous savez que la pâque se fera dans deux jours, et que le Fils de l'homme sera livré pour être crucifié.

3. En ce même temps les princes des prêtres et les anciens du peuple s'assemblèrent dans la salle du grand prêtre appelé Caïphe,

4. Et tinrent conseil ensemble pour se saisir de Jésus, par ruse, et le faire mourir.

5. Et ils disaient : Il ne faut pas que ce soit pendant la fête, de peur qu'il ne s'excite quelque tumulte parmi le peuple.

6. Or, comme Jésus était en Béthanie, dans la maison de Simon le lépreux,

7. Une femme vint à lui avec un vase d'albâtre plein d'un parfum de grand prix, qu'elle lui répandit sur la tête, lorsqu'il était à table.

---

6. *Simon le lépreux* ; c'est-à-dire qui avait été lépreux.
15. *Trente pièces d'argent* ; c'est pa-à-dire trente sicles, qui font environ 84 francs.
27. *Il fallait donc*, etc. Voy. page 486.
30. *Dans les ténèbres extérieures.* Compar. VIII, 12.

5. *Les phylactères* ou préservatifs étaient des bandes de parchemin qu'ils portaient sur le front et sur le bras, et sur lesquelles étaient écrites certaines paroles de la loi. Compar. *Exode*, XIII, 16 ; *Deutér.*, VI, 8 ; XI, 18. — *Et des franges fort longues.* Compar. *Matth.*, IX, 20.

9-10. Ce qui se lit dans ces deux versets veut dire que nous devons mettre incomparablement notre Père céleste au-dessus de tout père selon la chair, et que nous ne devons suivre aucun maître qui nous détourne de Jésus-Christ. Mais cela ne nous empêche pas d'avoir, conformément à la loi divine, tout le respect dû pour nos pères selon la chair, pour nos pères spirituels (*I Corinth.*, IV, 15) et pour nos maîtres et précepteurs.

13. *Fils de la géhenne* ; c'est-à-dire de l'enfer, hébraïsme, pour digne de l'enfer. Ainsi le sens est : Vous le rendez digne de l'enfer deux fois plus que vous. — *Géhenne.* Voy. v, 22.

27. Les Juifs, dans la crainte qu'on ne se souillât en touchant les tombeaux, les blanchissaient au dehors afin qu'on les distinguât.

9. Les sages leur répondirent : De peur que ce que nous en avons ne suffise pas pour vous et pour nous, allez plutôt à ceux qui en vendent, et achetez-en ce qu'il vous en faut.

10. Mais, pendant qu'elles allaient en acheter, l'époux arriva ; et celles qui étaient prêtes entrèrent avec lui aux noces, et la porte fut fermée.

11. Enfin les autres vierges vinrent aussi, et lui dirent : Seigneur, Seigneur, ouvrez-nous.

12. Mais il leur répondit : Je vous le dis en vérité, je ne vous connais point.

13. Veillez donc, parce que vous ne savez ni le jour ni l'heure.

14. Car il agit comme un homme qui, devant faire un long voyage, appela ses serviteurs et leur mit son bien entre les mains.

15. Et ayant donné cinq talents à l'un, deux à un autre, et un à un autre, selon la capacité de chacun d'eux, il partit aussitôt.

16. Celui donc qui avait reçu cinq talents s'en alla, et les fit valoir, et il en gagna cinq autres.

17. Celui qui en avait reçu deux, en gagna de même encore deux autres.

18. Mais celui qui n'en avait reçu qu'un, alla faire un trou dans la terre, et y cacha l'argent de son maître.

19. Longtemps après, le maître de ces serviteurs étant venu, leur fit rendre compte.

20. Celui qui avait reçu cinq talents s'approchant, en présenta cinq autres, et dit : Seigneur, vous m'avez donné cinq talents, en voilà cinq autres que j'ai gagnés de plus.

21. Son maître lui répondit : Bien ! ô bon et fidèle serviteur ; parce que vous avez été fidèle dans de petites choses, je vous établirai sur de beaucoup plus grandes : entrez dans la joie de votre seigneur.

22. Celui qui avait reçu deux talents s'approcha aussi, et dit : Seigneur, vous m'avez donné deux talents, en voici deux autres que j'ai gagnés.

23. Son maître lui répondit : Bien ! ô bon et fidèle serviteur ; parce que vous avez été fidèle dans de petites choses, je vous établirai sur de beaucoup plus grandes : entrez dans la joie de votre seigneur.

24. Celui qui n'avait reçu qu'un talent, s'approchant ensuite, dit : Seigneur, je sais que vous êtes un homme dur, que vous moissonnez où vous n'avez point semé, et que vous recueillez où vous n'avez rien répandu.

25. C'est pourquoi, dans ma crainte, j'ai été cacher votre talent dans la terre : le voici, je vous rends ce qui vous appartient.

26. Mais son maître lui répondit : Serviteur méchant et paresseux, vous saviez que je moissonne où je n'ai point semé, et que je recueille où je n'ai rien répandu :

27. Vous deviez donc mettre mon argent entre les mains des banquiers, et, à mon retour, j'eusse retiré avec intérêt ce qui est à moi.

28. Qu'on lui ôte donc le talent qu'il a, et qu'on le donne à celui qui a dix talents.

29. Car on donnera à celui qui a déjà, et il sera dans l'abondance ; mais pour celui qui n'a rien, on lui ôtera même ce qu'il semble avoir.

30. Quant à ce serviteur inutile, qu'on le jette dans les ténèbres extérieures : c'est là qu'il y aura des pleurs et des grincements de dents.

31. Or, quand le Fils de l'homme viendra dans sa majesté, accompagné de tous ses anges, il sera assis sur le trône de sa gloire.

32. Et toutes les nations seront rassemblées devant lui, et il séparera les uns d'avec les autres, comme un berger sépare les brebis d'avec les boucs ;

33. Et il mettra les brebis à sa droite et les boucs à sa gauche.

34. Alors le roi dira à ceux qui seront à sa droite : Venez, les bénis de mon Père ; possédez le royaume qui vous a été préparé dès le commencement du monde ;

35. Car j'ai eu faim, et vous m'avez donné à manger ; j'ai eu soif, et vous m'avez donné à boire ; j'étais étranger, et vous m'avez recueilli ;

36. J'ai été nu, et vous m'avez revêtu ; j'ai été malade, et vous m'avez visité ; j'ai été en prison, et vous êtes venus me voir.

37. Alors les justes lui répondront : Seigneur, quand est-ce que nous vous avons vu avoir faim, et que nous vous avons donné à manger ? ou avoir soif, et que nous vous avons donné à boire ?

38. Quand est-ce que nous vous avons vu étranger, et que nous vous avons recueilli ? ou sans habits, et que nous vous avons revêtu ?

39. Et quand est-ce que nous vous avons vu malade ou en prison, et que nous sommes venus vous visiter ?

40. Et le roi leur répondra : Je vous le dis en vérité, autant de fois que vous l'avez fait à un des moindres de mes frères que voici, c'est à moi-même que vous l'avez fait.

41. Il dira ensuite à ceux qui seront à sa gauche : Allez loin de moi, maudits, au feu éternel, qui a été préparé pour le diable et pour ses anges ;

42. Car j'ai eu faim, et vous ne m'avez pas donné à manger ; j'ai eu soif, et vous ne m'avez pas donné à boire ;

43. J'étais étranger, et vous ne m'avez point recueilli ; j'ai été sans habits, et vous ne m'avez point revêtu ; j'ai été malade et en prison, et vous ne m'avez point visité.

44. Alors ils lui répondront aussi : Seigneur, quand est-ce que nous vous avons vu avoir faim, ou avoir soif, ou être étranger, ou sans habits, ou malade, ou en prison, et que nous avons manqué de vous assister ?

45. Mais il leur répondra : Je vous dis, en vérité, autant de fois que vous avez manqué de le faire à un de ces plus petits, vous avez manqué de le faire à moi-même.

46. Et ceux-ci iront dans le supplice éternel, et les justes dans la vie éternelle.

CHAPITRE XXVI

Conspiration des Juifs. Parfums répandus sur la tête de Jésus-Christ. Trahison de Judas. Dernière cène. Institution de l'Eucharistie. Renoncement de saint Pierre prédit. Prière de Jésus dans le jardin. Il est pris, conduit chez Caïphe, accusé, condamné, outragé. Renoncement et pénitence de saint Pierre.

1. Jésus ayant achevé tous ces discours, il dit à ses disciples :

2. Vous savez que la pâque se fera dans deux jours, et que le Fils de l'homme sera livré pour être crucifié.

3. En ce même temps les princes des prêtres et les anciens du peuple s'assemblèrent dans la salle du grand prêtre appelé Caïphe,

4. Et tinrent conseil ensemble pour se saisir de Jésus, par ruse, et le faire mourir.

5. Et ils disaient : Il ne faut pas que ce soit pendant la fête, de peur qu'il ne s'excite quelque tumulte parmi le peuple.

6. Or, comme Jésus était en Béthanie, dans la maison de Simon le lépreux,

7. Une femme vint à lui avec un vase d'albâtre plein d'un parfum de grand prix, qu'elle lui répandit sur la tête, lorsqu'il était à table.

---

6. *Simon le lépreux* ; c'est-à-dire qui avait été lépreux.
15. *Trente pièces d'argent* ; c'est-à-dire trente sicles, qui font environ
15. Chez les Hébreux, le talent valait environ 4,414 francs.
27. *Il fallait donc*, etc. Voy. page 466.
30. *Dans les ténèbres extérieures*. Compar. VIII, 12.
5. Les phylactères ou préservatifs étaient des bandes de parchemin qu'ils portaient sur le front et sur le bras, et sur lesquelles étaient écrites certaines paroles de la loi. Compar. *Exode*, XIII, 16 ; *Deutér.*, VI, 8 ; XI, 18. — *Et des franges fort longues*. Compar. *Matth.*, IX, 20.
9-10. Ce qui se lit dans ces deux versets veut dire que nous devons mettre incomparablement notre Père céleste au-dessus de tout père selon la chair, et que nous ne devons suivre aucun maître qui nous détourne de Jésus-Christ. Mais cela ne nous empêche pas d'avoir, conformément à la loi divine, tout le respect dû pour nos pères selon la chair, pour nos pères spirituels (*I Corinth.*, IV, 13) et pour nos maîtres et précepteurs.
15. *Fils de la géhenne* ; c'est-à-dire de l'enfer ; hébraïsme, pour digne de l'enfer. Ainsi le sens est : Vous le rendez digne de l'enfer deux fois plus que vous. — *Géhenne*. Voy. V, 22.
27. Les Juifs, dans la crainte qu'on ne se souillât en touchant les tombeaux, les blanchissaient au dehors afin qu'on les distinguât.

SAINT MATTHIEU.

9. Les sages leur répondirent : De peur que ce que nous en avons ne suffise pas pour vous et pour nous, allez plutôt à ceux qui en vendent, et achetez-en ce qu'il vous en faut.
10. Mais, pendant qu'elles allaient en acheter, l'époux arriva; et celles qui étaient prêtes entrèrent avec lui aux noces, et la porte fut fermée.
11. Enfin les autres vierges vinrent aussi, et lui dirent : Seigneur, Seigneur, ouvrez-nous.
12. Mais il leur répondit : Je vous le dis en vérité, je ne vous connais point.
13. Veillez donc, parce que vous ne savez ni le jour ni l'heure.
14. Car il agit comme un homme qui, devant faire un long voyage, appela ses serviteurs et leur mit son bien entre les mains.
15. Et ayant donné cinq talents à l'un, deux à un autre, et un à un autre, selon la capacité de chacun d'eux, il partit aussitôt.
16. Celui donc qui avait reçu cinq talents s'en alla, et les fit valoir, et il en gagna cinq autres.
17. Celui qui en avait reçu deux, en gagna de même encore deux autres.
18. Mais celui qui n'en avait reçu qu'un, alla faire un trou dans la terre, et y cacha l'argent de son maître.
19. Longtemps après, le maître de ces serviteurs étant venu, leur fit rendre compte.
20. Celui qui avait reçu cinq talents s'approchant, en présenta cinq autres, et dit : Seigneur, vous m'avez donné cinq talents, en voilà cinq autres que j'ai gagnés de plus.
21. Son maître lui répondit : Bien! ô bon et fidèle serviteur; parce que vous avez été fidèle dans de petites choses, je vous établirai sur de beaucoup plus grandes: entrez dans la joie de votre seigneur.
22. Celui qui avait reçu deux talents s'approcha aussi, et dit : Seigneur, vous m'avez donné deux talents, en voici deux autres que j'ai gagnés.
23. Son maître lui répondit : Bien! ô bon et fidèle serviteur; parce que vous avez été fidèle dans de petites choses, je vous établirai sur de beaucoup plus grandes : entrez dans la joie de votre seigneur.
24. Celui qui n'avait reçu qu'un talent, s'approchant ensuite, dit : Seigneur, je sais que vous êtes un homme dur, que vous moissonnez où vous n'avez point semé, et que vous recueillez où vous n'avez rien répandu.
25. C'est pourquoi, dans ma crainte, j'ai été cacher votre talent dans la terre : le voici, je vous rends ce qui vous appartient.
26. Mais son maître lui répondit : Serviteur méchant et paresseux, vous saviez que je moissonne où je n'ai point semé, et que je recueille où je n'ai rien répandu.
27. Vous deviez donc mettre mon argent entre les mains des banquiers, et, à mon retour, j'eusse retiré avec intérêt ce qui est à moi.
28. Qu'on lui ôte donc le talent qu'il a, et qu'on le donne à celui qui a dix talents.
29. Car on donnera à celui qui a déjà, et il sera dans l'abondance; mais pour celui qui n'a rien, on lui ôtera même ce qu'il semble avoir.
30. Quant à ce serviteur inutile, qu'on le jette dans les ténèbres extérieures : c'est là qu'il y aura des pleurs et des grincements de dents.
31. Or, quand le Fils de l'homme viendra dans sa majesté, accompagné de tous ses anges, il sera assis sur le trône de sa gloire.
32. Et toutes les nations seront rassemblées devant lui, et il

6. *Simon le lépreux*; c'est-à-dire qui avait été lépreux.
15. *Trente pièces d'argent*; c'est à-dire trente sicles, qui font environ 85 fr. Chez les Hébreux, le talent valait environ 4,414 francs.
27. *Il fallait donc*, etc. Voy. page 466.
30. *Dans les ténèbres extérieures*. Compar. viii, 12.
5. Les *phylactères* ou préservatifs étaient des bandes de parchemin qu'ils portaient sur le front et sur le bras, et sur lesquelles étaient écrites certaines paroles de la loi. Compar. *Exode*, xiii, 16; *Deutér.*, vi, 8; xi, 18. — *Et des franges fort longues*. Compar. *Matth.*, ix, 20.
9-10. Ce qui se lit dans ces deux versets veut dire que nous devons

CHAPITRE XXVI.

séparera les uns d'avec les autres, comme un berger sépare les brebis d'avec les boucs;
33. Et il mettra les brebis à sa droite et les boucs à sa gauche.
34. Alors le roi dira à ceux qui seront à sa droite : Venez, les bénis de mon Père; possédez le royaume qui vous a été préparé dès le commencement du monde :
35. Car j'ai eu faim, et vous m'avez donné à manger; j'ai eu soif, et vous m'avez donné à boire; j'étais étranger, et vous m'avez recueilli;
36. J'ai été nu, et vous m'avez revêtu; j'ai été malade, et vous m'avez visité; j'ai été en prison, et vous êtes venus me voir.
37. Alors les justes lui répondront : Seigneur, quand est-ce que nous vous avons vu avoir faim, et que nous vous avons donné à manger? ou avoir soif, et que nous vous avons donné à boire?
38. Quand est-ce que nous vous avons vu étranger, et que nous vous avons recueilli? ou sans habits, et que nous vous avons revêtu?
39. Et quand est-ce que nous vous avons vu malade ou en prison, et que nous sommes venus vous visiter?
40. Et le roi leur répondra : Je vous le dis en vérité, autant de fois que vous l'avez fait à un des moindres de mes frères que voici, c'est à moi-même que vous l'avez fait.
41. Il dira ensuite à ceux qui seront à sa gauche : Allez loin de moi, maudits, au feu éternel, qui a été préparé pour le diable et pour ses anges;
42. Car j'ai eu faim, et vous ne m'avez pas donné à manger; j'ai eu soif, et vous ne m'avez pas donné à boire;
43. J'étais étranger, et vous ne m'avez point recueilli; j'ai été sans habits, et vous ne m'avez point revêtu; j'ai été malade et en prison, et vous ne m'avez point visité.
44. Alors ils lui répondront aussi : Seigneur, quand est-ce que nous vous avons vu avoir faim, ou avoir soif, ou être étranger, ou sans habits, ou malade, ou en prison, et que nous avons manqué de vous assister?
45. Mais il leur répondra : Je vous dis, en vérité, autant de fois que vous avez manqué de le faire à un de ces plus petits, vous avez manqué de le faire à moi-même.
46. Et ceux-ci iront dans le supplice éternel, et les justes dans la vie éternelle.

CHAPITRE XXVI

Conspiration des Juifs. Parfums répandus sur la tête de Jésus-Christ. Trahison de Judas. Dernière cène. Institution de l'Eucharistie. Renoncement de saint Pierre prédit. Prière de Jésus dans le jardin. Il est pris, conduit chez Caïphe, accusé, condamné, outragé. Renoncement et pénitence de saint Pierre.

1. Jésus ayant achevé tous ces discours, il dit à ses disciples :
2. Vous savez que la pâque se fera dans deux jours, et que le Fils de l'homme sera livré pour être crucifié.
3. En ce même temps les princes des prêtres et les anciens du peuple s'assemblèrent dans la salle du grand prêtre appelé Caïphe,
4. Et tinrent conseil ensemble pour se saisir de Jésus, par ruse, et le faire mourir.
5. Et ils disaient : Il ne faut pas que ce soit pendant la fête, de peur qu'il ne s'excite quelque tumulte parmi le peuple.
6. Or, comme Jésus était en Béthanie, dans la maison de Simon le lépreux,
7. Une femme vint à lui avec un vase d'albâtre plein d'un parfum de grand prix, qu'elle lui répandit sur la tête, lorsqu'il était à table.

mettre incomparablement notre Père céleste au-dessus de tout père selon la chair, et que nous ne devons suivre aucun maître qui nous détourne de Jésus-Christ. Mais cela ne nous empêche pas d'avoir, conformément à la loi divine, tout le respect dû pour nos pères selon la chair, pour nos pères spirituels (*I Corinth.*, iv, 15) et pour nos maîtres et précepteurs.
15. *Fils de la géhenne*; c'est-à-dire de l'enfer; hébraïsme, pour digne de l'enfer. Ainsi le sens est : Vous le rendez digne de l'enfer deux fois plus que vous. — *Géhenne*. Voy. v, 22.
27. Les Juifs, dans la crainte qu'on ne se souillât en touchant les tombeaux, les blanchissaient au dehors afin qu'on les distinguât

LA GENÈSE.

tous, et tous lèveront la main contre lui; et il dressera ses pavillons vis-à-vis de tous ses frères.

13. Alors Agar invoqua le nom du Seigneur qui lui parlait, et dit : Vous êtes le Dieu qui m'avez vue. Car il est certain, ajouta-t-elle, que j'ai vu ici par derrière celui qui me voit.

14. C'est pourquoi elle appela ce puits : Le puits de Celui qui est vivant et qui me voit. C'est le puits situé entre Cadès et Barad.

15. Agar enfanta ensuite un fils à Abram, qui le nomma Ismaël.

16. Abram avait quatre-vingt-six ans lorsque Agar lui enfanta Ismaël.

CHAPITRE XVII

Dieu renouvelle ses promesses à Abram, et change son nom en celui d'Abraham. Institution de la circoncision comme signe de l'alliance divine. Sara aura un fils.

1. Abram venait d'atteindre l'âge de quatre-vingt-dix-neuf ans; le Seigneur lui apparut et lui dit : Je suis le Dieu tout-puissant; marchez devant moi, et soyez parfait.

2. Je ferai alliance avec vous, et je multiplierai votre race sans mesure.

3. Abram se prosterna le visage contre terre.

4. Et Dieu lui dit : Je suis¹; je ferai alliance avec vous, et vous serez le père de beaucoup de nations.

5. Désormais on ne vous appellera plus Abram; mais vous vous appellerez Abraham, parce que je vous ai destiné à être le père de beaucoup de nations².

6. Je ferai croître votre race sans mesure; je vous rendrai le chef des nations, et des rois naîtront de vous.

7. J'affermirai mon alliance avec vous, et après vous avec votre race dans la suite de leurs générations, par un pacte éternel : afin que je sois votre Dieu, et le Dieu de votre postérité après vous.

8. Je donnerai, à vous et à votre race, la terre où vous demeurez comme étranger et tout le pays de Chanaan en domaine éternel; et je serai leur Dieu.

9. Dieu dit encore à Abraham : Vous garderez aussi mon alliance, et votre postérité, après vous, la gardera de génération en génération.

10. Voici le pacte que vous garderez, vous et votre postérité après vous : Tous les mâles d'entre vous seront circoncis;

11. Vous circoncirez votre chair, et ce sera la marque de l'alliance que je fais avec vous.

12. L'enfant de huit jours sera circoncis parmi vous, d'une génération à l'autre; tous les enfants mâles, tant les esclaves nés dans votre maison que ceux que vous aurez achetés et qui ne seront point de votre race, seront circoncis.

13. Et ce signe sera dans votre chair celui d'une alliance éternelle.

14. Le mâle qui n'aura point été circoncis sera exterminé du milieu de son peuple, parce qu'il a violé mon alliance.

15. Dieu dit encore à Abraham : Vous n'appellerez plus votre femme Saraï, mais Sara.

16. Je la bénirai, et je vous donnerai un fils né d'elle que je bénirai : il sera le chef des nations; et des rois de divers peuples naîtront de lui.

17. Abraham se prosterna le visage contre terre, et rit³, en pensant au fond de son cœur : Un homme de cent ans aurait-il donc un fils? et Sara enfanterait-elle à quatre-vingt-dix ans?

18. Et il dit à Dieu : Faites-moi la grâce qu'Ismaël vive!

¹ C'est le nom que Dieu se donne; lui seul peut dire avec vérité : Je suis. (Voy. Exode, III, 14.)
² Abram signifie père illustre, et Abraham, père illustre d'une multitude.
³ Abraham fut rempli de joie et d'admiration, comme le remarque saint Augustin.

CHAPITRE XVIII

19. Dieu dit encore à Abraham : Sara, votre femme, vous enfantera un fils, que vous nommerez Isaac; et je ferai un pacte avec lui, et avec sa race après lui, afin que mon alliance avec eux soit éternelle.

20. Je vous ai aussi exaucé touchant Ismaël. Je le bénirai, et je lui donnerai une postérité très-nombreuse. Douze princes sortiront de lui, et je le rendrai le chef d'un grand peuple¹.

21. Mon alliance sera confirmée avec Isaac, que Sara vous enfantera dans un an, en ce même temps.

22. L'entretien de Dieu avec Abraham étant fini, Dieu se retira.

23. Alors Abraham prit Ismaël, son fils, et tous les esclaves nés dans sa maison, tous ceux qu'il avait achetés, et généralement tous les mâles qui étaient parmi ses domestiques; et il les circoncit tous aussitôt en ce même jour, selon que Dieu le lui avait commandé.

24. Abraham avait quatre-vingt-dix-neuf ans lorsqu'il se circoncit lui-même.

25. Et Ismaël avait treize ans accomplis lorsqu'il reçut la circoncision.

26. Abraham et son fils Ismaël furent circoncis en ce même jour,

27. Ainsi que tous les mâles de sa maison, tant les esclaves nés chez lui que ceux qu'il avait achetés, et qui étaient nés dans des pays étrangers.

CHAPITRE XVIII

Apparition de trois anges. Naissance d'Isaac promise de nouveau. Prédiction de la ruine de Sodome.

1. Le Seigneur apparut à Abraham dans la vallée de Mambré, lorsqu'il était assis à la porte de sa tente durant la plus grande chaleur du jour.

2. Abraham leva les yeux, et trois hommes se montrèrent près de lui. Aussitôt qu'il les eut aperçus, il courut de la porte de sa tente au-devant d'eux, et se prosterna en terre.

3. Et il dit : Seigneur, si j'ai trouvé grâce devant vos yeux, arrêtez-vous près de votre serviteur.

4. Je vous apporterai un peu d'eau pour vous laver les pieds; reposez-vous sous cet arbre,

5. Je vous servirai un peu de pain; reprenez vos forces, vous continuerez ensuite votre chemin : car c'est pour cela que vous êtes venus vers votre serviteur. Ils lui répondirent : Faites ce que vous avez dit.

6. Abraham alla promptement dans sa tente, vers Sara, et lui dit : Pétrissez vite trois mesures de farine et faites cuire des pains sous la cendre.

7. Il courut lui-même à son troupeau et prit un veau très-tendre et excellent, qu'il donna à un serviteur; celui-ci se hâta de le faire cuire.

8. Ayant ensuite pris du beurre et du lait, avec le veau qu'il avait fait cuire, il servit le tout devant eux; et lui cependant se tenait debout auprès d'eux sous l'arbre².

9. Après qu'ils eurent mangé, ils lui dirent : Où est Sara, votre femme? Il répondit : Elle est dans la tente.

10. Un d'eux dit à Abraham : Je reviendrai vous voir en ce même temps, vous vivrez, et Sara votre femme aura un fils. Ayant entendu cette parole, Sara se mit à rire derrière la porte de la tente.

11. Ils étaient, en effet, vieux l'un et l'autre et avancés en âge; et ce qui arrive d'ordinaire aux femmes avait cessé à Sara.

12. Elle rit donc secrètement⁴, disant : Après que j'ai vieilli,

¹ Ismaël devint le père de douze chefs de tribus.
² C'était Dieu en trois personnes, sous l'apparence de trois anges qui avaient revêtu la forme humaine. (Hébr., XIII, 2. — S. Aug. de Civit. Dei, lib. XVI, cap. XXIX.)
³ Charmant tableau des mœurs antiques.
⁴ Sara n'imite pas la foi d'Abraham; elle doute, et à ce doute elle joint le mensonge.

14. Apprenant que Lot, son frère, était prisonnier, Abram choisit les plus braves de ses serviteurs, au nombre de trois cent dix-huit, et poursuivit ces rois jusqu'à Dan.

15. Il forma deux corps de ses troupes; il fondit la nuit sur les ennemis, les défit et les poursuivit jusqu'à Hoba, qui est à gauche de Damas.

16. Il ramena avec lui tout le butin, Lot, son frère, avec ce qui était à lui, les femmes et le peuple.

17. Le roi de Sodome sortit au-devant de lui à son retour, après la défaite de Chodorlahomor et des autres rois qui étaient avec lui, jusqu'à la vallée de Savé, appelée aussi la vallée du Roi.

18. Mais Melchisédech, roi de Salem[1], offrant du pain et du vin, car il était prêtre du Dieu très-haut,

19. Bénit Abram, en disant : Béni soit Abram par le Dieu très-haut, qui a créé le ciel et la terre.

20. Béni soit le Dieu très-haut, qui par sa protection a mis vos ennemis entre vos mains. Alors Abram lui donna la dîme de tout ce qu'il avait pris.

21. Or le roi de Sodome dit à Abram : Donnez-moi les personnes, et prenez le reste pour vous.

22. Abram lui répondit : Je lève la main vers le Seigneur, le Dieu très-haut, maître du ciel et de la terre;

23. Je ne recevrai rien de tout ce qui est à vous, depuis le moindre fil jusqu'à un cordon de soulier, afin que vous ne disiez pas : J'ai enrichi Abram.

24. J'excepte seulement ce que mes gens ont pris pour leur nourriture, et ce qui appartient à ceux qui sont venus avec moi, Aner, Escol et Mambré, qui prendront leur part du butin.

CHAPITRE XV

Promesses de Dieu à Abraham.

1. Ces choses accomplies, le Seigneur parla à Abram dans une vision, et lui dit : Ne craignez point, Abram, je suis votre protecteur et votre récompense infiniment grande[2].

2. Abram répondit : Seigneur Dieu, que me donnerez-vous? Je mourrai sans enfants; et le fils de l'intendant de ma maison est cet Éliézer de Damas.

3. Vous ne m'avez point donné d'enfants, ajouta-t-il; ainsi le fils de mon serviteur sera mon héritier.

4. Aussitôt le Seigneur lui parla en ces termes : Celui-là ne sera point votre héritier; mais vous aurez pour héritier celui qui naîtra de vous.

5. Il le fit sortir et lui dit : Regardez le ciel et comptez les étoiles, si vous le pouvez. Ainsi, continua-t-il, se multipliera votre race.

6. Abram crut à Dieu, et cela lui fut imputé à justice[3].

7. Dieu lui dit encore : Je suis le Seigneur qui vous ai tiré d'Ur en Chaldée, pour vous donner cette terre, afin que vous la possédiez.

8. Abram répondit : Seigneur Dieu, comment puis-je connaître que je dois la posséder?

9. Le Seigneur reprit : Prenez une vache de trois ans, une chèvre de trois ans et un bélier de trois ans aussi, avec une tourterelle et une colombe[4].

10. Abram prenant donc tous ces animaux, les divisa par la moitié, et mit les parties vis-à-vis l'une de l'autre; mais il ne partagea point la tourterelle ni la colombe.

11. Or les oiseaux venaient fondre sur ces bêtes mortes, et Abram les chassait.

12. Lorsque le soleil se couchait, Abram fut saisi d'un profond sommeil, et il tomba dans un horrible effroi, se trouvant comme enveloppé de ténèbres.

13. Alors il lui fut dit : Sachez dès maintenant que votre postérité demeurera dans une terre étrangère, qu'elle sera réduite en servitude et accablée de maux pendant quatre cents ans.

14. Mais j'exercerai mes jugements sur le peuple auquel ils seront assujettis, et ils sortiront ensuite de ce pays avec de grandes richesses.

15. Pour vous, vous irez en paix avec vos pères dans une heureuse vieillesse.

16. Vos descendants, après la quatrième génération, reviendront ici, parce que la mesure des iniquités des Amorrhéens n'est pas encore remplie présentement.

17. Lors donc que le soleil fut couché, il se forma une grande obscurité; il parut un four d'où s'échappait une fumée épaisse; et une lampe ardente passait au milieu de ces bêtes divisées[4].

18. En ce jour-là, le Seigneur fit alliance avec Abram, en lui disant : Je donnerai cette terre à votre race, depuis le fleuve d'Égypte jusqu'au grand fleuve de l'Euphrate;

19. Ce que possèdent les Cinéens, les Cénézéens, les Cedmonéens,

20. Les Héthéens, les Phérézéens, les Raphaïtes,

21. Les Amorrhéens, les Chananéens, les Gergéséens et les Jébuséens.

CHAPITRE XVI

Naissance d'Ismaël.

1. Or Saraï, femme d'Abram, ne lui avait point encore donné d'enfants; mais ayant une servante égyptienne nommée Agar,

2. Elle dit à son mari : Le Seigneur m'a rendue stérile : prenez donc pour femme ma servante, afin que je voie si j'aurai au moins des enfants par elle. Et Abram acquiesça à sa demande,

3. Saraï prit Agar, Égyptienne, sa servante depuis dix ans qu'ils avaient commencé de demeurer au pays de Chanaan, et la donna pour femme à son mari[2].

4. Abram l'épousa. Agar, voyant qu'elle était devenue enceinte, méprisa sa maîtresse.

5. Alors Saraï dit à Abram : Vous agissez injustement envers moi. Je vous ai donné ma servante pour femme; et voyant qu'elle est devenue enceinte, elle me méprise. Que le Seigneur soit juge entre vous et moi.

6. Abram lui répondit : Votre servante est entre vos mains : traitez-la comme il vous plaira. Saraï l'ayant donc châtiée, Agar s'enfuit.

7. Et l'ange du Seigneur la trouvant dans le désert, près de la fontaine qui est sur le chemin de Sur, dans la solitude,

8. Lui dit : Agar, servante de Saraï, d'où venez-vous? et où allez-vous? Elle répondit : Je fuis de devant Saraï, ma maîtresse.

9. L'ange du Seigneur lui repartit : Retournez vers votre maîtresse, et humiliez-vous sous sa main.

10. Et il ajouta : Je multiplierai votre postérité, et elle sera innombrable.

11. Et il continua : Vous avez conçu; vous enfanterez un fils, et vous l'appellerez Ismaël, parce que le Seigneur vous a exaucée dans votre affliction.

12. Ce sera un homme intraitable; il lèvera la main contre

---

[1] Salem est la même ville que Jérusalem. Melchisédech est la figure de Jésus-Christ, qui a été appelé *Prêtre selon l'ordre de Melchisédech*. (Voy. Hebr., viii.)

[2] Dieu lui-même est la récompense des saints.

[3] Abraham fut justifié par sa foi, unie avec ses œuvres. (Rom., iv. — Gal., iii. — Jac., ii, 23.)

[4] C'était une cérémonie usitée pour rendre l'alliance plus solennelle et inaltérable.

[1] Une fournaise fumante est le symbole des maux que les Israélites souffriront en Égypte durant la servitude.

[2] C'était, selon l'usage de ce temps, une épouse du second ordre. Agar donna son nom à la ville d'Agra, dans l'Arabie Pétrée, et à la tribu des *Agarini*, ou *Saracini*, Sarrasins. — La polygamie est contraire à l'institution divine du mariage. (Gen., ii, 24.) Si elle fut permise temporairement aux patriarches et aux Juifs, sous la loi mosaïque, elle fut condamnée par Jésus-Christ, qui ramena le mariage à son institution primitive (S. Matth., xix.)

5. Ils font toutes leurs œuvres pour être vus des hommes; car ils portent de très-larges phylactères, et des franges fort longues.

6. Ils aiment les premières places dans les festins et les premiers sièges dans les synagogues;

7. Les salutations dans les places publiques; et à être appelés maîtres par les hommes.

8. Pour vous, ne veuillez pas être appelés maîtres; car un seul est votre maître et vous êtes tous frères.

9. Et n'appelez sur la terre personne votre père; car un seul est votre Père, lequel est dans les cieux.

10. Qu'on ne vous appelle point non plus maîtres; parce qu'un seul est votre maître, le Christ.

11. Celui qui est le plus grand parmi vous, sera votre serviteur.

12. Car quiconque s'exaltera, sera humilié, et quiconque s'humiliera sera exalté.

13. Mais malheur à vous, scribes et pharisiens hypocrites, parce que vous fermez aux hommes le royaume des cieux. Vous n'entrez pas vous-mêmes, et vous ne souffrez pas que les autres entrent.

14. Malheur à vous, scribes et pharisiens hypocrites, parce que, sous le prétexte de vos longues prières, vous dévorez les maisons des veuves: c'est pour cela que vous subirez un jugement plus rigoureux.

15. Malheur à vous, scribes et pharisiens hypocrites, parce que vous parcourez la mer et la terre pour faire un prosélyte; et quand il est fait, vous faites de lui un fils de la géhenne deux fois plus que vous.

16. Malheur à vous, guides aveugles, qui dites: Quiconque jure par le temple, ce n'est rien; mais quiconque jure par l'or du temple, doit ce qu'il a juré.

17. Insensés et aveugles, lequel est le plus grand, l'or ou le temple qui sanctifie l'or?

18. Et quiconque jure par l'autel, ce n'est rien : mais quiconque jure par l'offrande déposée sur l'autel, est engagé.

19. Aveugles, lequel est le plus grand, l'offrande ou l'autel qui sanctifie l'offrande?

20. Celui donc qui jure par l'autel, jure par lui et par tout ce qui est dessus lui.

21. Et quiconque jure par le temple jure par lui et par celui dont il est la demeure.

22. Et celui qui jure par le ciel, jure par le trône de Dieu et par celui qui y est assis.

23. Malheur à vous, pharisiens et scribes hypocrites, qui payez la dîme de la menthe et de l'aneth et du cumin, et qui négligez les choses les plus graves de la loi, la justice, la miséricorde et la foi; il fallait faire ceci et ne pas omettre cela.

24. Guides aveugles, qui employez un filtre pour le moucheron, et qui avalez le chameau.

25. Malheur à vous, scribes et pharisiens hypocrites, parce que vous nettoyez les dehors de la coupe et du plat, tandis qu'au dedans vous êtes pleins de souillures et de rapine.

26. Pharisien aveugle, nettoie d'abord le dedans de la coupe et du plat, afin que le dehors soit net aussi.

27. Malheur à vous, scribes et pharisiens hypocrites, parce que vous ressemblez à des sépulcres blanchis, qui au dehors paraissent beaux aux hommes, mais au dedans sont pleins d'ossements de morts et de toute sorte de pourriture.

28. Ainsi vous aussi, au dehors, vous paraissez justes aux

---

5. Les *phylactères* ou préservatifs étaient des bandes de parchemin qu'ils portaient sur le front et sur le bras, et sur lesquelles étaient écrites certaines paroles de la loi. Compar. *Exode*, XIII, 9; *Deutér.*, VI, 8, XI, 18. — *Et des franges fort longues.* Compar. *Matth.*, IX, 20.

9-10. Ce qui se lit dans ces deux versets veut dire que nous devons mettre incomparablement notre Père céleste au-dessus de tout père selon la chair, et que nous ne devons suivre aucun maître qui nous détourne de Jésus-Christ. Mais cela ne nous empêche pas d'avoir, conformément à la loi divine, tout le respect dû pour nos pères selon la chair, pour nos pères spirituels (*I Corinth.*, IV, 15) et pour nos maîtres et précepteurs.

15. *Fils de la géhenne*; c'est-à-dire de l'enfer; hébraïsme, pour digne de l'enfer. Ainsi le sens est: Vous le rendez digne de l'enfer deux fois plus que vous. — *Géhenne.* Voy. v, 22.

27. Les Juifs, dans la crainte qu'on ne se souillât en touchant les tombeaux, les blanchissaient au dehors afin qu'on les distinguât.

---

5. Ils font toutes leurs œuvres pour être vus des hommes; car ils portent de très-larges phylactères, et des franges fort longues.

6. Ils aiment les premières places dans les festins et les premiers sièges dans les synagogues;

7. Les salutations dans les places publiques; et à être appelés maîtres par les hommes.

8. Pour vous, ne veuillez pas être appelés maîtres; car un seul est votre maître et vous êtes tous frères.

9. Et n'appelez sur la terre personne votre père; car un un seul est votre Père, lequel est dans les cieux.

10. Qu'on ne vous appelle point non plus maîtres; parce qu'un seul est votre maître, le Christ.

11. Celui qui est le plus grand parmi vous, sera votre serviteur.

15. Car quiconque s'exaltera, sera humilié, et quiconque s'humiliera sera exalté.

13. Mais malheur à vous, scribes et pharisiens hypocrites, parce que vous fermez aux hommes le royaume des cieux. Vous n'entrez pas vous-mêmes, et vous ne souffrez pas que les autres entrent.

14. Malheur à vous, scribes et pharisiens hypocrites, parce que, sous le prétexte de vos longues prières, vous dévorez les maisons des veuves: c'est pour cela que vous subirez un jugement plus rigoureux.

15. Malheur à vous, scribes et pharisiens hypocrites, parce que vous parcourez la mer et la terre pour faire un prosélyte; et quand il est fait, vous faites de lui un fils de la géhenne deux fois plus que vous.

16. Malheur à vous, guides aveugles, qui dites : Quiconque jure par le temple, ce n'est rien ; mais quiconque jure par l'or du temple, doit ce qu'il a juré.

17. Insensés et aveugles, lequel est le plus grand, l'or ou le temple qui sanctifie l'or?

18. Et quiconque jure par l'autel, ce n'est rien : mais quiconque jure par l'offrande déposée sur l'autel, est engagé.

19. Aveugles, lequel est le plus grand, l'offrande ou l'autel qui sanctifie l'offrande?

20. Celui donc qui jure par l'autel, jure par lui et par tout ce qui est dessus lui.

21. Et quiconque jure par le temple jure par lui et par celui dont il est la demeure.

22. Et celui qui jure par le ciel, jure par le trône de Dieu et par celui qui y est assi.

23. Malheur à vous, pharisiens et scribes hypocrites, qui payez la dîme de la menthe et de l'aneth et du cumin, et qui négligez les choses les plus graves de la loi, la justice, la miséricorde et la foi; il fallait faire ceci et ne pas omettre cela.

24. Guides aveugles, qui employez un filtre pour le moucheron, et qui avalez le chameau.

25. Malheur à vous, scribes et pharisiens hypocrites, parce que vous nettoyez les dehors de la coupe et du plat, tandis que vous êtes plein de souillures et de rapine.

26. Pharisien aveugle, nettoie d'abord le dedans de la coupe et du plat, afin que le dehors soit net aussi.

27. Malheur à vous, scribes et pharisiens hypocrites, parce que vous ressemblez à des sépulcres blanchis, qui au dehors paraissent beaux aux hommes, mais au dedans sont pleins d'ossements de morts et de toute sorte de pourriture.

28. Ainsi vous aussi, au dehors, vous paraissez justes aux hommes; mais au dedans vous êtes pleins d'hypocrisie et d'iniquité.

29. Malheur à vous, scribes et pharisiens hypocrites, qui bâtissez les tombeaux des prophètes, ornez les monuments des justes;

30. Et qui dites : Si nous avions été du temps de nos pères, nous n'aurions pas été complices avec eux du sang des prophètes.

31. Ainsi vous êtes à vous-mêmes un témoignage que vous êtes les fils de ceux qui ont tué les prophètes.

32. Comblez donc aussi la mesure de vos pères.

33. Serpents, races de vipères, comment fuirez-vous le jugement

---

5. Les *phylactères* ou préservatifs étaient des bandes de parchemin qu'ils portaient sur le front et sur le bras, et sur lesquelles étaient écrites certaines paroles de la loi. Compar. *Exode*, XIII, 10; *Deutér.*, VI, 8; XI, 18. — *Et des franges fort longues.*

9-10. Ce qui se lit dans ces deux versets veut dire que nous devons mettre incomparablement notre Père céleste au-dessus de tout père selon la chair, et que nous ne devons suivre aucun maître qui nous détourne de Jésus-Christ. Mais cela ne nous empêche pas d'avoir, conformément à la loi divine, tout le respect dû pour nos pères selon la chair, pour nos pères spirituels (*I Corinth.*, IV, 15) et pour nos maîtres et précepteurs.

15. *Fils de la géhenne*; c'est-à-dire de l'enfer; hébraïsme, pour digne de l'enfer. Ainsi le sens est : Vous le rendez digne de l'enfer deux fois plus que vous. — *Géhenne.* Voy. v, 22.

27. Les Juifs, dans la crainte qu'on ne se souillât en touchant les tombeaux, les blanchissaient au dehors afin qu'on les distinguât.

33. *Le jugement de la géhenne*; c'est-à-dire la condamnation à la géhenne, à l'enfer. Compar. v, 22.

5. Ils font toutes leurs œuvres pour être vus des hommes; car ils portent de très-larges phylactères, et des franges fort longues.

6. Ils aiment les premières places dans les festins et les premiers sièges dans les synagogues;

7. Les salutations dans les places publiques; et à être appelés maîtres par les hommes.

8. Pour vous, ne veuillez pas être appelés maîtres; car un seul est votre maître et vous êtes tous frères.

9. Et n'appelez sur la terre personne votre père; car un seul est votre Père, lequel est dans les cieux.

10. Qu'on ne vous appelle point non plus maîtres; parce qu'un seul est votre maître, le Christ.

11. Celui qui est le plus grand parmi vous, sera votre serviteur.

12. Car quiconque s'exaltera, sera humilié, et quiconque s'humiliera sera exalté.

13. Mais malheur à vous, scribes et pharisiens hypocrites, parce que vous fermez aux hommes le royaume des cieux. Vous n'entrez pas vous-mêmes, et vous ne souffrez pas que les autres entrent.

14. Malheur à vous, scribes et pharisiens hypocrites, parce que, sous le prétexte de vos longues prières, vous dévorez les maisons des veuves : c'est pour cela que vous subirez un jugement plus rigoureux.

15. Malheur à vous, scribes et pharisiens hypocrites, parce que vous parcourez la mer et la terre pour faire un prosélyte; et quand il est fait, vous faites de lui un fils de la géhenne deux fois plus que vous.

16. Malheur à vous, guides aveugles, qui dites : Quiconque jure par le temple, ce n'est rien ; mais quiconque jure par l'or du temple, doit *ce qu'il a juré*.

17. Insensés et aveugles, lequel est le plus grand, l'or ou le temple qui sanctifie l'or?

18. Et quiconque jure par l'autel, ce n'est rien : mais quiconque jure par l'offrande déposée sur l'autel, est engagé.

19. Aveugles, lequel est le plus grand, l'offrande ou l'autel qui sanctifie l'offrande?

20. Celui donc qui jure par l'autel, jure par lui et par tout ce qui est dessus lui.

21. Et quiconque jure par le temple jure par lui et par celui dont il est la demeure.

22. Et celui qui jure par le ciel, jure par le trône de Dieu et par celui qui y est assis.

23. Malheur à vous, pharisiens et scribes hypocrites, qui payez la dîme de la menthe et de l'aneth et du cumin, et qui négligez les choses les plus graves de la loi, la justice, la miséricorde et la foi; il fallait faire ceci et ne pas omettre cela.

24. Guides aveugles, qui employez un filtre pour le moucheron, et qui avalez le chameau.

25. Malheur à vous, scribes et pharisiens hypocrites, parce que vous nettoyez les dehors de la coupe et du plat, tandis qu'au dedans vous êtes plein de souillures et de rapine.

26. Pharisien aveugle, nettoie d'abord le dedans de la coupe et du plat, afin que le dehors soit net aussi.

27. Malheur à vous, scribes et pharisiens hypocrites, parce que vous ressemblez à des sépulcres blanchis, qui au dehors paraissent beaux aux hommes, mais au dedans sont pleins d'ossements de morts et de toute sorte de pourriture.

28. Ainsi vous aussi, au dehors, vous paraissez justes aux hommes; mais au dedans vous êtes pleins d'hypocrisie et d'iniquité.

29. Malheur à vous, scribes et pharisiens hypocrites, qui bâtissez les tombeaux des prophètes, ornez les monuments des justes,

30. Et qui dites : Si nous avions été du temps de nos pères, nous n'aurions pas été complices avec eux du sang des prophètes.

31. Ainsi vous êtes à vous-mêmes un témoignage que vous êtes les fils de ceux qui ont tué les prophètes.

32. Comblez donc aussi la mesure de vos pères.

33. Serpents, races de vipères, comment fuirez-vous le jugement

---

5. Les *phylactères* ou préservatifs étaient des bandes de parchemin qu'ils portaient sur le front et sur le bras, et sur lesquelles étaient écrites certaines paroles de la loi. Compar. *Exode*, XIII, 10; *Deutér.*, VI, 8; XI, 18. — *Et des franges fort longues.* Compar. *Matth.*, IX, 20.

9-10. Ce qui se lit dans ces deux versets veut dire que nous devons mettre incomparablement notre Père céleste au dessus de tout père selon la chair, et que nous ne devons suivre aucun maître qui nous détourne de Jésus-Christ. Mais cela ne nous empêche pas d'avoir, conformément à la loi divine, tout le respect dû pour nos pères spirituels (*I Corinth.*, IV, 15) et pour nos maîtres et précepteurs.

15. *Fils de la géhenne;* c'est-à-dire de l'enfer; hébraïsme, pour digne de l'enfer. Ainsi le sens est : Vous le rendez digne de l'enfer deux fois plus que vous. — *Géhenne.* Voy. v, 22.

27. Les Juifs, dans la crainte qu'on ne se souillât en touchant les tombeaux, les blanchissaient au dehors afin qu'on les distinguât.

33. *Le jugement de la géhenne;* c'est-à-dire la condamnation à la géhenne, à l'enfer. Compar. v, 22.

9. Les sages leur répondirent : De peur que ce que nous en avons ne suffise pas pour vous et pour nous, allez plutôt à ceux qui en vendent, et achetez-en ce qu'il vous en faut.

10. Mais, pendant qu'elles allaient en acheter, l'époux arriva; et celles qui étaient prêtes entrèrent avec lui aux noces, et la porte fut fermée.

11. Enfin les autres vierges vinrent aussi, et lui dirent : Seigneur, Seigneur, ouvrez-nous.

12. Mais il leur répondit : Je vous le dis en vérité, je ne vous connais point.

13. Veillez donc, parce que vous ne savez ni le jour ni l'heure.

14. Car il agit comme un homme qui, devant faire un long voyage, appela ses serviteurs et leur mit son bien entre les mains.

15. Et ayant donné cinq talents à l'un, deux à un autre, et un à un autre, selon la capacité de chacun d'eux, il partit aussitôt.

16. Celui donc qui avait reçu cinq talents s'en alla, et les fit valoir, et il en gagna cinq autres.

17. Celui qui en avait reçu deux, en gagna de même encore deux autres.

18. Mais celui qui n'en avait reçu qu'un, alla faire un trou dans la terre, et y cacha l'argent de son maître.

19. Longtemps après, le maître de ces serviteurs étant venu, leur fit rendre compte.

20. Celui qui avait reçu cinq talents s'approchant, en présenta cinq autres, et dit : Seigneur, vous m'avez donné cinq talents, en voilà cinq autres que j'ai gagnés de plus.

21. Son maître lui répondit : Bien! ô bon et fidèle serviteur; parce que vous avez été fidèle dans de petites choses, je vous établirai sur de beaucoup plus grandes : entrez dans la joie de votre seigneur.

22. Celui qui avait reçu deux talents s'approcha aussi, et dit : Seigneur, vous m'avez donné deux talents, en voici deux autres que j'ai gagnés.

23. Son maître lui répondit : Bien! ô bon et fidèle serviteur; parce que vous avez été fidèle dans de petites choses, je vous établirai sur de beaucoup plus grandes : entrez dans la joie de votre seigneur.

24. Celui qui n'avait reçu qu'un talent, s'approchant ensuite, dit : Seigneur, je sais que vous êtes un homme dur, que vous moissonnez où vous n'avez point semé, et que vous recueillez où vous n'avez rien répandu.

25. C'est pourquoi, dans ma crainte, j'ai été cacher votre talent dans la terre : le voici, je vous rends ce qui vous appartient.

26. Mais son maître lui répondit : Serviteur méchant et paresseux, vous saviez que je moissonne où je n'ai point semé, et que je recueille où je n'ai rien répandu :

27. Vous deviez donc mettre mon argent entre les mains des banquiers, et, à mon retour, j'eusse retiré avec intérêt ce qui est à moi.

28. Qu'on lui ôte donc le talent qu'il a, et qu'on le donne à celui qui a dix talents.

29. Car on donnera à celui qui a déjà, et il sera dans l'abondance; mais pour celui qui n'a rien, on lui ôtera même ce qu'il semble avoir.

30. Quant à ce serviteur inutile, qu'on le jette dans les ténèbres extérieures : c'est là qu'il y aura des pleurs et des grincements de dents.

31. Or, quand le Fils de l'homme viendra dans sa majesté, accompagné de tous ses anges, il sera assis sur le trône de sa gloire.

32. Et toutes les nations seront rassemblées devant lui, et il séparera les uns d'avec les autres, comme un berger sépare les brebis d'avec les boucs;

33. Et il mettra les brebis à sa droite et les boucs à sa gauche.

34. Alors le roi dira à ceux qui seront à sa droite : Venez, les bénis de mon Père; possédez le royaume qui vous a été préparé dès le commencement du monde :

35. Car j'ai eu faim, et vous m'avez donné à manger; j'ai eu soif, et vous m'avez donné à boire; j'étais étranger, et vous m'avez recueilli;

36. J'ai été nu, et vous m'avez revêtu; j'ai été malade, et vous m'avez visité; j'ai été en prison, et vous êtes venus me voir.

37. Alors les justes lui répondront : Seigneur, quand est-ce que nous vous avons vu avoir faim, et que nous vous avons donné à manger? ou avoir soif, et que nous vous avons donné à boire?

38. Quand est-ce que nous vous avons vu étranger, et que nous vous avons recueilli? ou sans habits, et que nous vous avons revêtu?

39. Et quand est-ce que nous vous avons vu malade ou en prison, et que nous sommes venus vous visiter?

40. Et le roi leur répondra : Je vous le dis en vérité, autant de fois que vous l'avez fait à un des moindres de mes frères que voici, c'est à moi-même que vous l'avez fait.

41. Il dira ensuite à ceux qui seront à sa gauche : Allez loin de moi, maudits, au feu éternel, qui a été préparé pour le diable et pour ses anges;

42. Car j'ai eu faim, et vous ne m'avez pas donné à manger; j'ai eu soif, et vous ne m'avez pas donné à boire;

43. J'étais étranger, et vous ne m'avez point recueilli; j'ai été sans habits, et vous ne m'avez point revêtu; j'ai été malade et en prison, et vous ne m'avez point visité.

44. Alors ils lui répondront aussi : Seigneur, quand est-ce que nous vous avons vu avoir faim, ou avoir soif, ou être étranger, ou sans habits, ou malade, ou en prison, et que nous avons manqué de vous assister?

45. Mais il leur répondra : Je vous dis, en vérité, autant de fois que vous avez manqué de le faire à un de ces plus petits, vous avez manqué de le faire à moi-même.

46. Et ceux-ci iront dans le supplice éternel, et les justes dans la vie éternelle.

CHAPITRE XXVI

Conspiration des Juifs. Parfums répandus sur la tête de Jésus-Christ. Trahison de Judas. Dernière cène. Institution de l'Eucharistie. Renoncement de saint Pierre prédit. Prière de Jésus dans le jardin. Il est pris, conduit chez Caïphe, accusé, condamné, outragé. Renoncement et pénitence de saint Pierre.

1. Jésus ayant achevé tous ces discours, il dit à ses disciples :

2. Vous savez que la pâque se fera dans deux jours, et que le Fils de l'homme sera livré pour être crucifié.

3. En ce même temps les princes des prêtres et les anciens du peuple s'assemblèrent dans la salle du grand prêtre appelé Caïphe,

4. Et tinrent conseil ensemble pour se saisir de Jésus, par ruse, et le faire mourir.

5. Et ils disaient : Il ne faut pas que ce soit pendant la fête, de peur qu'il ne s'excite quelque tumulte parmi le peuple.

6. Or, comme Jésus était en Béthanie, dans la maison de Simon le lépreux,

7. Une femme vint à lui avec un vase d'albâtre plein d'un parfum de grand prix, qu'elle lui répandit sur la tête, lorsqu'il était à table.

---

6. *Simon le lépreux*; c'est-à-dire qui avait été lépreux.
15. *Trente pièces d'argent*; c'est-à-dire trente sicles, qui font environ
15. *Chez les Hébreux*, le talent valait environ 4,414 francs.
27. *Il fallait donc*, etc. Voy. page 466.
30. *Dans les ténèbres extérieures.* Compar. Matth. VIII, 12.
5. Les *phylactères* ou préservatifs étaient des bandes de parchemin qu'ils portaient sur le front et sur le bras, et sur lesquelles étaient écrites certaines paroles de la loi. Compar. *Exode*, XIII, 16; *Deutér.*, VI, 8; XI, 18. — *Et des franges fort longues.* Compar. *Matth.* XXIII, 5.
9-10. Ce qui se lit dans ces deux versets veut dire que nous devons mettre incomparablement notre Père céleste au-dessus de tout père selon la chair, et que nous ne devons suivre aucun maître qui nous détourne de Jésus-Christ. Mais cela ne nous empêche pas d'avoir, conformément à la loi divine, tout le respect dû pour nos pères selon la chair, pour nos pères spirituels (*I Corinth.*, IV, 15) et pour nos maîtres et précepteurs.
15. *Fils de la géhenne*; c'est-à-dire de l'enfer; hébraïsme, pour digne de l'enfer. Ainsi le sens est : Vous le rendez digne de l'enfer deux fois plus que vous. — *Géhenne.* Voy. V, 22.
27. Les Juifs, dans la crainte qu'on ne se souillât en touchant les tombeaux, les blanchissaient au dehors afin qu'on les distinguât.

LE SAINT ÉVANGILE
DE JÉSUS-CHRIST

SELON

SAINT MATTHIEU

Avant d'être appelé à l'apostolat par Jésus-Christ, saint Matthieu était publicain et se nommait Lévi.
Il écrivit l'Évangile six ans environ après l'ascension du Sauveur
et adopta la langue syro-chaldaïque, alors usitée en Palestine.
L'original est perdu : nous possédons seulement la version grecque faite du temps des Apôtres
et la vulgate que l'Église a déclarée authentique.

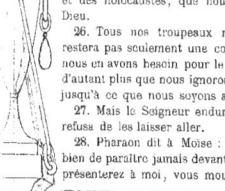

21. Dieu lui dit : Descendez et avertissez le peuple, de peur qu'il ne passe les limites pour voir le Seigneur, et qu'une grande multitude ne périsse.
22. Que les prêtres [1] aussi qui s'approchent du Seigneur se sanctifient, de peur qu'il ne les frappe.
23. Moïse répondit au Seigneur : Le peuple ne pourra monter sur la montagne de Sinaï, parce que vous avez fait vous-même ce commandement, en me disant : Mettez des limites autour de la montagne, et sanctifiez le peuple.
24. Le Seigneur reprit : Allez, descendez. Vous monterez ensuite, et Aaron avec vous. Mais que les prêtres et le peuple ne passent point les limites, et qu'ils ne montent pas vers le Seigneur, de peur qu'il ne les fasse mourir.
25. Moïse descendit vers le peuple, et lui rapporta tout.

CHAPITRE XX

Le Décalogue.

1. Le Seigneur parla ensuite en ces termes :
2. Je suis le Seigneur votre Dieu, qui vous ai tirés de l'Égypte, de la maison de servitude.
3. Vous n'aurez point d'autre Dieu que moi.
4. Vous ne vous ferez point d'image taillée, ni aucune figure de ce qui est en haut dans le ciel et en bas sur la terre, ni de ce qui est dans les eaux sous la terre [2].
5. Vous ne les adorerez point, et vous ne leur rendrez point de culte [3]. Je suis le Seigneur votre Dieu, fort et jaloux, qui venge l'iniquité des pères sur les enfants jusqu'à la troisième et à la quatrième génération dans tous ceux qui me haïssent,
6. Et qui fais miséricorde dans la suite de mille générations à ceux qui m'aiment et gardent mes commandements.
7. Vous ne prendrez point en vain du Seigneur votre Dieu ; car le Seigneur ne tiendra pas pour innocent celui qui aura pris en vain le nom du Seigneur son Dieu.
8. Souvenez-vous de sanctifier le jour du sabbat.
9. Vous travaillerez six jours, et vous ferez tout ce que vous aurez à faire.

avaient échappé à la grêle ; et il ne resta absolument rien de vert, ni sur les arbres ni dans les champs en Égypte.
16. C'est pourquoi Pharaon se hâta de faire venir Moïse et Aaron, et leur dit : J'ai péché contre le Seigneur votre Dieu et contre vous.
17. Mais pardonnez-moi ma faute encore cette fois, et priez le Seigneur votre Dieu, d'éloigner de moi cette mort [1].
18. Moïse, ayant quitté Pharaon, pria le Seigneur,
19. Qui fit souffler de l'occident un vent violent, qui enleva les sauterelles et les jeta dans la mer Rouge. Il n'en resta pas une seule dans toute l'Égypte.
20. Le Seigneur endurcit le cœur de Pharaon, et il ne laissa point aller les enfants d'Israël.
21. Le Seigneur dit donc à Moïse : Étendez votre main vers le ciel, et qu'il se forme sur l'Égypte des ténèbres si épaisses, qu'elles soient palpables [2].
22. Moïse étendit sa main vers le ciel, et des ténèbres horribles couvrirent toute l'Égypte pendant trois jours.
23. Nul ne vit son frère, ni ne se remua du lieu où il était ; mais la lumière brillait partout où habitaient les enfants d'Israël [3].
24. Alors Pharaon fit venir Moïse et Aaron, et leur dit : Allez, sacrifiez au Seigneur ; que vos brebis seulement et vos troupeaux restent ici, et que vos petits enfants aillent avec vous.
25. Moïse répondit : Vous nous donnerez aussi des victimes et des holocaustes, que nous offrirons au Seigneur notre Dieu.
26. Tous nos troupeaux marcheront avec nous ; il ne restera pas seulement une corne de leurs pieds, parce que nous en avons besoin pour le culte du Seigneur notre Dieu, d'autant plus que nous ignorons ce qui doit lui être immolé, jusqu'à ce que nous soyons arrivés au lieu marqué.
27. Mais le Seigneur endurcit le cœur de Pharaon, et il refusa de les laisser aller.
28. Pharaon dit à Moïse : Retirez-vous, et gardez-vous bien de paraître jamais devant moi ; car le jour où vous vous présenterez à moi, vous mourrez.

20. Il y a près d'ici une ville où je puis fuir; elle est petite, j'y serai en sûreté. Vous savez qu'elle n'est pas grande, et elle me sauvera la vie.

21. L'ange lui répondit : J'accorde encore cette grâce à vos prières; je ne détruirai pas la ville pour laquelle vous me parlez.

22. Hâtez-vous de vous y mettre à l'abri, parce que je ne pourrai rien faire jusqu'à ce que vous y soyez entré. C'est pourquoi cette ville fut appelée Ségor.

23. Le soleil se levait sur la terre, au moment où Lot entra dans Ségor.

24. Alors le Seigneur fit descendre du ciel sur Sodome et sur Gomorrhe une pluie de soufre et de feu.

25. Et il détruisit ces villes avec tous leurs habitants, tout le pays d'alentour avec ceux qui l'habitaient, et toutes les plantes de la terre[1].

26. La femme de Lot regarda derrière elle, et fut changée en statue de sel[2].

27. Or Abraham s'étant levé dès le matin, vint au lieu où il avait été auparavant avec le Seigneur,

28. Et regardant Sodome et Gomorrhe, et tout le pays d'alentour, il vit des cendres enflammées qui s'élevaient de la terre comme la fumée d'une fournaise.

29. Lorsque Dieu détruisait les villes de cette région, il se souvint d'Abraham et délivra Lot de la ruine des villes dans lesquelles il habitait.

30. Lot monta à Ségor; mais il craignit de périr à Ségor, et se retira sur la montagne, dans une caverne, avec ses deux filles.

31. Alors l'aînée dit à la plus jeune : Notre père est vieux et il n'est resté aucun homme sur la terre qui puisse nous épouser selon la coutume de tous les pays.

32. Donnons-lui du vin, enivrons-le, et dormons avec lui afin que nous puissions conserver la race de notre père.

33. Elles donnèrent donc cette nuit-là du vin à boire à leur père; et l'aînée dormit avec lui, sans qu'il sentît ni quand elle se coucha, ni quand elle se leva.

34. Le jour suivant l'aînée dit à la seconde : Vous savez que j'ai dormi hier avec mon père; donnons-lui encore du vin à boire cette nuit, et vous dormirez aussi avec lui, afin que nous conservions la race de notre père.

35. Elles donnèrent donc encore cette nuit-là du vin à boire à leur père; et sa seconde fille dormit avec lui, sans qu'il sentît non plus ni quand elle se coucha, ni quand elle se leva.

36. Ainsi elles conçurent toutes deux de Lot leur père[3].

37. L'aînée enfanta un fils, et elle le nomma Moab. C'est le père des Moabites, qui subsistent aujourd'hui.

38. La seconde enfanta aussi un fils, qu'elle appela Ammon, c'est-à-dire, le fils de mon peuple. C'est le père des Ammonites que nous voyons encore aujourd'hui.

CHAPITRE XX

Enlèvement de Sara; elle est rendue à Abraham.

1. Abraham étant allé du côté du midi, habita entre Cadès et Sur, et s'arrêta à Gérara pour y demeurer quelque temps.

2. Il dit de Sara sa femme : Elle est ma sœur. Abimélech, roi de Gérara, la fit enlever.

3. Mais Dieu pendant la nuit apparut en songe à Abimélech,

---
[1] La ruine de Sodome et des villes voisines eut lieu par le feu descendu du ciel; le bitume dont le sol était imprégné servit d'aliment à l'incendie. Les lieux, après tant de siècles écoulés, portent encore des traces évidentes de cette épouvantable catastrophe.
[2] La femme de Lot fut punie de son incrédulité. Dans le livre de la Sagesse, ch. x, v. 7, elle est appelée *anima incredula*. « Souvenez-vous, dit Jésus-Christ, de la femme de Lot. » (S. Luc, XVII, 32.)
[3] Ni l'un ni ses filles ne peuvent être excusés, le premier dans son ivresse, les deux autres dans leurs actions criminelles. (Voy. S. Aug. *contra Faust.* lib. XXII, cap. XLIV.)

---

et lui dit : Vous serez puni de mort à cause de la femme que vous avez enlevée, parce qu'elle a un mari.

4. Or Abimélech ne l'avait point touchée; et il répondit : Seigneur, punirez-vous de mort l'ignorance d'un peuple innocent?

5. Cet homme ne m'a-t-il pas dit lui-même : Elle est ma sœur; et ne m'a-t-elle pas dit : Il est mon frère? J'ai fait cela dans la simplicité de mon cœur, et j'ai les mains pures.

6. Dieu lui dit : Je sais que vous l'avez fait avec un cœur simple; c'est pourquoi je vous ai préservé de pécher contre moi, et je ne vous ai pas permis de la toucher.

7. Maintenant donc rendez cette femme à son mari, parce que c'est un prophète; et il priera pour vous, et vous vivrez. Si vous ne voulez point la rendre, sachez que vous serez frappé de mort, vous et tout ce qui est à vous.

8. Abimélech se leva aussitôt durant la nuit, appela tous ses serviteurs, et leur dit tout ce qu'il venait d'entendre, et ils furent tous saisis de frayeur.

9. Abimélech manda aussi Abraham, et lui dit : Pourquoi nous avez-vous traités de la sorte? Quel mal vous avions-nous fait pour nous engager, moi et mon royaume, dans un si grand péché[1]? Vous avez fait à notre égard ce que vous ne deviez point faire.

10. Et continuant ses plaintes, il ajouta : Dans quelle intention avez-vous agi?

11. Abraham répondit : J'ai songé et j'ai dit en moi-même : Peut-être la crainte de Dieu ne règne pas dans ce pays-ci; ils me tueront pour avoir ma femme.

12. D'ailleurs elle est véritablement ma sœur, étant fille de mon père, quoiqu'elle ne soit pas fille de ma mère, et je l'ai épousée[2].

13. Or depuis que Dieu m'a fait sortir de la maison de mon père, je lui ai dit : Vous me ferez cette grâce, dans tous les pays où nous irons, de dire que je suis votre frère.

14. Abimélech donna donc à Abraham des brebis, des bœufs, des serviteurs et des servantes; il lui rendit Sara sa femme,

15. Et lui dit : Vous voyez devant vous cette terre, demeurez partout où il vous plaira.

16. Il dit ensuite à Sara : J'ai donné mille pièces d'argent à votre frère, afin qu'en quelque lieu que vous alliez, vous ayez toujours un voile sur les yeux devant tous ceux avec qui vous serez; et souvenez-vous que vous avez été prise.

17. A la prière d'Abraham, Dieu guérit Abimélech, sa femme et ses servantes, et elles enfantèrent;

18. Car Dieu avait frappé de stérilité toute la maison d'Abimélech, à cause de Sara, femme d'Abraham.

CHAPITRE XXI

Naissance d'Isaac. Agar est chassée de la maison d'Abraham avec son fils Ismaël. Abimélech, roi de Gérara, fait alliance avec Abraham.

1. Or le Seigneur visita Sara comme il l'avait promis, et il accomplit sa parole.

2. Elle conçut et enfanta un fils dans sa vieillesse, au temps prédit par Dieu.

3. Abraham donna le nom d'Isaac à son fils qui lui était né de Sara[3];

4. Et il le circoncit le huitième jour, selon le commandement de Dieu,

5. Il était alors âgé de cent ans; car ce fut à cet âge qu'il devint père d'Isaac.

6. Et Sara dit : Dieu m'a donné de ris et de la joie; quiconque l'apprendra se réjouira avec moi.

7. Et elle ajouta : Qui croirait qu'on aurait pu dire à Abra-

---
[1] Tout concourt ici à faire ressortir l'énormité du péché d'adultère.
[2] Sara était petite-fille de Tharé, et fille de Haran, frère d'Abraham. Mais sa grand'mère n'était pas la même que la mère d'Abraham.
[3] Le nom d'Isaac en hébreu signifie *ris et joie*.

et que mon seigneur est vieux aussi, ferais-je comme les jeunes femmes?

13. Mais le Seigneur dit à Abraham : Pourquoi Sara a-t-elle ri, en disant : Serait-il bien vrai que je pusse avoir un enfant, étant vieille comme je suis?

14. Y a-t-il rien de difficile à Dieu? Je vous reviendrai voir, comme je vous l'ai promis, dans un an, en ce même temps; vous vivrez, et Sara aura un fils.

15. Sara, effrayée, nia et dit : Je n'ai pas ri. Non, dit le Seigneur, cela n'est pas ainsi; vous avez ri.

16. Ces hommes s'étant levés de ce lieu, tournèrent les yeux vers Sodome; et Abraham allait avec eux les reconduisant.

17. Et le Seigneur dit : Pourrais-je cacher à Abraham ce que je dois faire,

18. Puisqu'il doit être le chef d'un peuple très-grand et très-puissant, et que toutes les nations de la terre SERONT BÉNIES en lui?

19. Je sais qu'il ordonnera à ses enfants, et à toute sa maison après lui, de garder la voie du Seigneur, et de pratiquer l'équité et la justice; afin que le Seigneur accomplisse en faveur d'Abraham tout ce qu'il lui a promis.

20. Le Seigneur ajouta : Le cri de Sodome et de Gomorrhe s'augmente de plus en plus; leur péché est monté à son comble.

21. Je descendrai, et je verrai si leurs œuvres répondent à ce cri qui est venu jusqu'à moi, pour savoir si cela est ainsi, ou si cela n'est pas.

22. Ils partirent de là et s'en allèrent à Sodome; mais Abraham demeura encore devant le Seigneur¹.

23. Il s'approcha et dit : Perdrez-vous le juste avec l'impie?

24. S'il y a cinquante justes dans cette ville, périront-ils avec les autres? N'épargnerez-vous pas cette ville à cause de cinquante justes, s'ils s'y trouvent?

25. Loin de vous d'agir ainsi, de perdre l'injuste avec l'impie, et de confondre les bons avec les méchants. Vous qui jugez toute la terre, vous ne pourrez exercer un tel jugement.

26. Le Seigneur lui répondit : Si je trouve à Sodome cinquante justes, je pardonnerai à toute la ville à cause d'eux.

27. Abraham reprit : Puisque j'ai commencé, je parlerai encore à mon Seigneur, quoique je ne sois que cendre et poussière.

28. S'il s'en fallait cinq qu'il y eût cinquante justes, détruirez-vous toute la ville, parce qu'il n'y en aurait que quarante-cinq? Le Seigneur dit : Je ne détruirai point la ville, si j'y trouve quarante-cinq justes.

29. Abraham lui dit encore : Mais s'il y a quarante justes, que ferez-vous? Il répondit : Je ne détruirai point la ville, à cause des quarante justes.

30. Je vous prie, Seigneur, dit Abraham, ne trouvez pas mauvais si je parle encore : Si vous trouvez trente justes, que ferez-vous? Il répondit : Si j'en trouve trente, je ne la perdrai point.

31. Puisque j'ai commencé, reprit Abraham, je parlerai encore à mon Seigneur. Et si vous en trouviez vingt? Il dit : Je ne la perdrai point, s'il y en a vingt.

32. Seigneur, ajouta Abraham, ne vous fâchez pas, je vous supplie, si je parle encore une fois : Et si vous trouviez dix justes, que ferez-vous? Je ne la détruirai point, dit-il, s'il y a dix justes².

33. Après que le Seigneur eut cessé de parler à Abraham, il se retira; et Abraham retourna chez lui.

¹ Deux anges, comme nous l'apprend le chapitre suivant, verset 1ᵉʳ, allèrent à Sodome. Le troisième resta avec Abraham.

² Cet entretien admirable montre également la miséricorde divine et la confiance d'Abraham en Dieu.

CHAPITRE XIX

Destruction de Sodome. Délivrance de Lot.

1. Deux anges vinrent à Sodome, le soir, lorsque Lot était assis à la porte de la ville. Les ayant vus, il se leva, alla au-devant d'eux, se prosterna jusqu'en terre,

2. Et leur dit : Seigneurs, venez, je vous prie, dans la maison de votre serviteur, et demeurez-y. Vous vous y laverez les pieds, et demain vous continuerez votre chemin. Ils lui répondirent : Non; nous resterons sur la place publique.

3. Il les pressa de nouveau avec instance de venir chez lui. Dès qu'ils furent entrés dans sa maison, il leur fit un festin; il fit cuire des pains sans levain, et ils mangèrent.

4. Mais avant qu'ils se fussent retirés pour se coucher, la maison fut assiégée par les habitants de cette ville; depuis les enfants jusqu'aux vieillards, tout le peuple s'y trouva¹.

5. Ils appelèrent Lot et lui dirent : Où sont les hommes qui sont entrés ce soir chez vous? Faites-les sortir, afin que nous les connaissions.

6. Lot sortit, et ayant eu soin de fermer la porte derrière lui, il leur dit :

7. Ne songez point, je vous prie, mes frères, ne songez point à commettre un si grand mal.

8. J'ai deux filles encore vierges; je vous les amènerai, usez-en comme il vous plaira², pourvu que vous ne fassiez point de mal à ces hommes, parce qu'ils sont à l'ombre de mon toit.

9. Mais ils lui répondirent : Retirez-vous. Et ils ajoutèrent : Vous êtes venu ici comme un étranger, êtes-vous notre juge? Nous vous traiterons vous-même encore plus mal qu'eux; et ils se jetèrent sur Lot avec grande violence. Déjà ils étaient sur le point de rompre les portes,

10. Les deux hommes prirent Lot par la main et le firent rentrer dans la maison. Ils en fermèrent la porte,

11. Et frappèrent d'aveuglement tous ceux qui étaient dehors, depuis le plus petit jusqu'au plus grand, de sorte qu'ils ne purent plus trouver la porte.

12. Ils dirent ensuite à Lot : Avez-vous ici quelqu'un de vos proches, un gendre, ou des fils, ou des filles? Faites sortir de cette ville tous ceux qui vous appartiennent.

13. Car nous allons détruire ce lieu, parce que le cri des abominations de ces peuples s'est élevé de plus en plus devant le Seigneur, et il nous a envoyés pour les perdre.

14. Lot sortit, parla à ses gendres, qui devaient épouser ses filles, et leur dit : Levez-vous, et sortez promptement de ce lieu, car le Seigneur va détruire cette ville. Mais ils s'imaginèrent qu'il disait cela en plaisantant.

15. A la pointe du jour, les anges pressaient Lot de sortir, en disant : Levez-vous, emmenez votre femme et vos deux filles, de peur que vous ne périssiez aussi vous-même dans la ruine de cette ville.

16. Comme il différait toujours, ils le prirent par la main, ainsi que sa femme et ses deux filles, parce que le Seigneur voulait le sauver.

17. Ils l'entraînèrent ainsi et le conduisirent hors de la ville; et ils lui parlèrent de cette sorte : Sauvez votre vie; ne regardez pas derrière vous, et ne vous arrêtez point dans tout le pays d'alentour; mais sauvez-vous sur la montagne, de peur que vous ne périssiez aussi vous-même.

18. Lot leur répondit : Seigneur,

19. Puisque votre serviteur a trouvé grâce devant vous, et que vous avez signalé envers lui votre grande miséricorde en me sauvant la vie, je ne puis me sauver sur la montagne, parce que le malheur pourrait fondre sur moi et me faire mourir.

¹ La corruption était générale : dix justes ne se trouvèrent pas dans Sodome.

² Dans son trouble, Lot fait une proposition coupable.

9. Les sages leur répondirent : De peur que ce qu'il nous en avons ne suffise pas pour vous et pour nous, allez plutôt à ceux qui en vendent, et achetez-en ce qu'il vous en faut.

10. Mais, pendant qu'elles allaient en acheter, l'époux arriva; et celles qui étaient prêtes entrèrent avec lui aux noces, et la porte fut fermée.

11. Enfin les autres vierges vinrent aussi, et lui dirent : Seigneur, Seigneur, ouvrez-nous.

12. Mais il leur répondit : Je vous le dis en vérité, je ne vous connais point.

13. Veillez donc, parce que vous ne savez ni le jour ni l'heure.

14. Car il agit comme un homme qui, devant faire un long voyage, appela ses serviteurs et leur mit son bien entre les mains.

15. Et ayant donné cinq talents à l'un, deux à un autre, et un à un autre, selon la capacité de chacun d'eux, il partit aussitôt.

16. Celui donc qui avait reçu cinq talents s'en alla, et les fit valoir, et il en gagna cinq autres.

17. Celui qui en avait reçu deux, en gagna de même encore deux autres.

18. Mais celui qui n'en avait reçu qu'un, alla faire un trou dans la terre, et y cacha l'argent de son maître.

19. Longtemps après, le maître de ces serviteurs étant venu, leur fit rendre compte.

20. Celui qui avait reçu cinq talents s'approchant, en présenta cinq autres, et dit : Seigneur, vous m'avez donné cinq talents, en voilà cinq autres que j'ai gagnés de plus.

21. Son maître lui répondit : Bien! ô bon et fidèle serviteur; parce que vous avez été fidèle dans de petites choses, je vous établirai sur de beaucoup plus grandes : entrez dans la joie de votre seigneur.

22. Celui qui avait reçu deux talents s'approcha aussi, et dit : Seigneur, vous m'avez donné deux talents, en voici deux autres que j'ai gagnés.

23. Son maître lui répondit : Bien! ô bon et fidèle serviteur; parce que vous avez été fidèle dans de petites choses, je vous établirai sur de beaucoup plus grandes : entrez dans la joie de votre seigneur.

24. Celui qui n'avait reçu qu'un talent, s'approchant ensuite, dit : Seigneur, je sais que vous êtes un homme dur, que vous moissonnez où vous n'avez point semé, et que vous recueillez où vous n'avez rien répandu.

25. C'est pourquoi, dans ma crainte, j'ai été cacher votre talent dans la terre : le voici, je vous rends ce qui vous appartient.

26. Mais son maître lui répondit : Serviteur méchant et paresseux, vous saviez que je moissonne où je n'ai point semé, et que je recueille où je n'ai rien répandu :

27. Vous deviez donc mettre mon argent entre les mains des banquiers, et, à mon retour, j'eusse retiré avec intérêt ce qui est à moi.

28. Qu'on lui ôte donc le talent qu'il a, et qu'on le donne à celui qui a dix talents.

29. Car on donnera à celui qui a déjà, et il sera dans l'abondance; mais pour celui qui n'a rien, on lui ôtera même ce qu'il semble avoir.

30. Quant à ce serviteur inutile, qu'on le jette dans les ténèbres extérieures : c'est là qu'il y aura des pleurs et des grincements de dents.

31. Or, quand le Fils de l'homme viendra dans sa majesté, accompagné de tous ses anges, il sera assis sur le trône de sa gloire.

32. Et toutes les nations seront rassemblées devant lui, et il séparera les uns d'avec les autres, comme un berger sépare les brebis d'avec les boucs;

33. Et il mettra les brebis à sa droite et les boucs à sa gauche.

34. Alors le roi dira à ceux qui seront à sa droite : Venez, les bénis de mon Père; possédez le royaume qui vous a été préparé dès le commencement du monde :

35. Car j'ai eu faim, et vous m'avez donné à manger; j'ai eu soif, et vous m'avez donné à boire; j'étais étranger, et vous m'avez recueilli;

36. J'ai été nu, et vous m'avez revêtu; j'ai été malade, et vous m'avez visité; j'ai été en prison, et vous êtes venus me voir.

37. Alors les justes lui répondront : Seigneur, quand est-ce que nous vous avons vu avoir faim, et que nous vous avons donné à manger? ou avoir soif, et que nous vous avons donné à boire?

38. Quand est-ce que nous vous avons vu étranger, et que nous vous avons recueilli? ou sans habits, et que nous vous avons revêtu?

39. Et quand est-ce que nous vous avons vu malade ou en prison, et que nous sommes venus vous visiter?

40. Et le roi leur répondra : Je vous le dis en vérité, autant de fois que vous l'avez fait à un des moindres de mes frères que voici, c'est à moi-même que vous l'avez fait.

41. Il dira ensuite à ceux qui seront à sa gauche : Allez loin de moi, maudits, au feu éternel, qui a été préparé pour le diable et pour ses anges;

42. Car j'ai eu faim, et vous ne m'avez pas donné à manger; j'ai eu soif, et vous ne m'avez pas donné à boire;

43. J'étais étranger, et vous ne m'avez point recueilli; j'ai été sans habits, et vous ne m'avez point revêtu; j'ai été malade et en prison, et vous ne m'avez point visité.

44. Alors ils lui répondront aussi : Seigneur, quand est-ce que nous vous avons vu avoir faim, ou avoir soif, ou être étranger, ou sans habits, ou malade, ou en prison, et que nous avons manqué de vous assister?

45. Mais il leur répondra : Je vous dis, en vérité, autant de fois que vous avez manqué de le faire à un de ces plus petits, vous avez manqué de le faire à moi-même.

46. Et ceux-ci iront dans le supplice éternel, et les justes dans la vie éternelle.

CHAPITRE XXVI

Conspiration des Juifs. Parfums répandus sur la tête de Jésus-Christ. Trahison de Judas. Dernière cène. Institution de l'Eucharistie. Renoncement de saint Pierre prédit. Prière de Jésus dans le jardin. Il est pris, conduit chez Caïphe, accusé, condamné, outragé. Renoncement et pénitence de saint Pierre.

1. Jésus ayant achevé tous ces discours, il dit à ses disciples :

2. Vous savez que la pâque se fera dans deux jours, et que le Fils de l'homme sera livré pour être crucifié.

3. En ce même temps les princes des prêtres et les anciens du peuple s'assemblèrent dans la salle du grand prêtre appelé Caïphe,

4. Et tinrent conseil ensemble pour se saisir de Jésus, par ruse, et le faire mourir.

5. Et ils disaient : Il ne faut pas que ce soit pendant la fête, de peur qu'il ne s'excite quelque tumulte parmi le peuple.

6. Or, comme Jésus était en Béthanie, dans la maison de Simon le lépreux,

7. Une femme vint à lui avec un vase d'albâtre plein d'un parfum de grand prix, qu'elle lui répandit sur la tête, lorsqu'il était à table.

6. *Simon le lépreux;* c'est-à-dire qui avait été lépreux.
15. *Trente pièces d'argent;* c'est-à-dire trente sicles, qui font environ
15. Chez les Hébreux, le talent valait environ 4,414 francs.
27. *Il fallait donc,* etc. Voy. page 465.
5. *Des phylactères* ou préservatifs étaient des bandes de parchemin qu'ils portaient sur le front et sur le bras, et sur lesquelles étaient écrites certaines parties de la loi. Compar. *Exode,* xiii, 16; *Deuter.,* vi, 8; xi, 18.
— *Et des franges fort longues.* Compar. *Matth.,* ix, 20.
9-10. Ce qui se lit dans ces deux versets veut dire que nous devons mettre incomparablement notre Père céleste au-dessus de tout père selon la chair, et que nous ne devons suivre aucun maître qui nous détourne de Jésus-Christ. Mais cela ne nous empêche pas d'avoir, conformément à la loi divine, tout le respect dû pour nos pères selon la chair, pour nos pères spirituels (*I Corinth.,* iv, 15) et pour nos maîtres et précepteurs.
15. *Fils de la géhenne;* c'est-à-dire de l'enfer; hébraïsme, pour digne de l'enfer. Ainsi le sens est : Vous le rendez digne de l'enfer deux fois plus que vous. — *Géhenne.* Voy. v, 22.
27. Les Juifs, dans la crainte qu'on ne se souillât en touchant les tombeaux, les blanchissaient au dehors afin qu'on les distinguât.

9. Les sages leur répondirent : De peur que ce que nous en avons ne suffise pas pour vous et pour nous, allez plutôt à ceux qui en vendent, et achetez-en ce qu'il vous en faut.

10. Mais, pendant qu'elles allaient en acheter, l'époux arriva ; et celles qui étaient prêtes entrèrent avec lui aux noces, et la porte fut fermée.

11. Enfin les autres vierges vinrent aussi, et lui dirent : Seigneur, Seigneur, ouvrez-nous.

12. Mais il leur répondit : Je vous le dis en vérité, je ne vous connais point.

13. Veillez donc, parce que vous ne savez ni le jour ni l'heure.

14. Car il agit comme un homme qui, devant faire un long voyage, appela ses serviteurs et leur mit son bien entre les mains.

15. Et ayant donné cinq talents à l'un, deux à un autre, et un à un autre, selon la capacité de chacun d'eux, il partit aussitôt.

16. Celui donc qui avait reçu cinq talents s'en alla, et les fit valoir, et il en gagna cinq autres.

17. Celui qui en avait reçu deux, en gagna de même encore deux autres.

18. Mais celui qui n'en avait reçu qu'un, alla faire un trou dans la terre, et y cacha l'argent de son maître.

19. Longtemps après, le maître de ces serviteurs étant venu, leur fit rendre compte.

20. Celui qui avait reçu cinq talents s'approchant, en présenta cinq autres, et dit : Seigneur, vous m'avez donné cinq talents, en voilà cinq autres que j'ai gagnés de plus.

21. Son maître lui répondit : Bien ! ô bon et fidèle serviteur ; parce que vous avez été fidèle dans de petites choses, je vous établirai sur de beaucoup plus grandes : entrez dans la joie de votre seigneur.

22. Celui qui avait reçu deux talents s'approcha aussi, et dit : Seigneur, vous m'avez donné deux talents, en voici deux autres que j'ai gagnés.

23. Son maître lui répondit : Bien ! ô bon et fidèle serviteur ; parce que vous avez été fidèle dans de petites choses, je vous établirai sur de beaucoup plus grandes : entrez dans la joie de votre seigneur.

24. Celui qui n'avait reçu qu'un talent, s'approchant ensuite, dit : Seigneur, je sais que vous êtes un homme dur, que vous moissonnez où vous n'avez point semé, et que vous recueillez où vous n'avez rien répandu.

25. C'est pourquoi, dans ma crainte, j'ai été cacher votre talent dans la terre : le voici, je vous rends ce qui vous appartient.

26. Mais son maître lui répondit : Serviteur méchant et paresseux, vous saviez que je moissonne où je n'ai point semé, et que je recueille où je n'ai rien répandu :

27. Vous deviez donc mettre mon argent entre les mains des banquiers, et, à mon retour, j'eusse retiré avec intérêt ce qui est à moi.

28. Qu'on lui ôte donc le talent qu'il a, et qu'on le donne à celui qui a dix talents.

29. Car on donnera à celui qui a déjà, et il sera dans l'abondance ; mais pour celui qui n'a rien, on lui ôtera même ce qu'il semble avoir.

30. Quant à ce serviteur inutile, qu'on le jette dans les ténèbres extérieures : c'est là qu'il y aura des pleurs et des grincements de dents.

31. Or, quand le Fils de l'homme viendra dans sa majesté, accompagné de tous ses anges, il sera assis sur le trône de sa gloire.

32. Et toutes les nations seront rassemblées devant lui, et il séparera les uns d'avec les autres, comme un berger sépare les brebis d'avec les boucs ;

33. Et il mettra les brebis à sa droite et les boucs à sa gauche.

34. Alors le roi dira à ceux qui seront à sa droite : Venez, les bénis de mon Père ; possédez le royaume qui vous a été préparé dès le commencement du monde :

35. Car j'ai eu faim, et vous m'avez donné à manger ; j'ai eu soif, et vous m'avez donné à boire ; j'étais étranger, et vous m'avez recueilli ;

36. J'ai été nu, et vous m'avez revêtu ; j'ai été malade, et vous m'avez visité ; j'ai été en prison, et vous êtes venus me voir.

37. Alors les justes lui répondront : Seigneur, quand est-ce que nous vous avons vu avoir faim, et que nous vous avons donné à manger ? ou avoir soif, et que nous vous avons donné à boire ?

38. Quand est-ce que nous vous avons vu étranger, et que nous vous avons recueilli ? ou sans habits, et que nous vous avons revêtu ?

39. Et quand est-ce que nous vous avons vu malade ou en prison, et que nous sommes venus vous visiter ?

40. Et le roi leur répondra : Je vous le dis en vérité, autant de fois que vous l'avez fait à un des moindres de mes frères que voici, c'est à moi-même que vous l'avez fait.

41. Il dira ensuite à ceux qui seront à sa gauche : Allez loin de moi, maudits, au feu éternel, qui a été préparé pour le diable et pour ses anges ;

42. Car j'ai eu faim, et vous ne m'avez pas donné à manger ; j'ai eu soif, et vous ne m'avez pas donné à boire ;

43. J'étais étranger, et vous ne m'avez point recueilli ; j'ai été sans habits, et vous ne m'avez point revêtu ; j'ai été malade et en prison, et vous ne m'avez point visité.

44. Alors ils lui répondront aussi : Seigneur, quand est-ce que nous vous avons vu avoir faim, ou avoir soif, ou être étranger, ou sans habits, ou malade, ou en prison, et que nous avons manqué de vous assister ?

45. Mais il leur répondra : Je vous dis, en vérité, autant de fois que vous avez manqué de le faire à un de ces plus petits, vous avez manqué de le faire à moi-même.

46. Et ceux-ci iront dans le supplice éternel, et les justes dans la vie éternelle.

CHAPITRE XXVI

Conspiration des Juifs. Parfums répandus sur la tête de Jésus-Christ. Trahison de Judas. Dernière cène. Institution de l'Eucharistie. Renoncement de saint Pierre prédit. Prière de Jésus dans le jardin. Il est pris, conduit chez Caïphe, accusé, condamné, outragé. Renoncement et pénitence de saint Pierre.

1. Jésus ayant achevé tous ces discours, il dit à ses disciples :

2. Vous savez que la pâque se fera dans deux jours, et que le Fils de l'homme sera livré pour être crucifié.

3. En ce même temps les princes des prêtres et les anciens du peuple s'assemblèrent dans la salle du grand prêtre appelé Caïphe,

4. Et tinrent conseil ensemble pour se saisir de Jésus, par ruse, et le faire mourir.

5. Et ils disaient : Il ne faut pas que ce soit pendant la fête, de peur qu'il ne s'excite quelque tumulte parmi le peuple.

6. Or, comme Jésus était en Béthanie, dans la maison de Simon le lépreux,

7. Une femme vint à lui avec un vase d'albâtre plein d'un parfum de grand prix, qu'elle lui répandit sur la tête, lorsqu'il était à table.

---

6. *Simon le lépreux;* c'est-à-dire qui avait été lépreux.
15. *Trente pièces d'argent;* c'est à-dire trente sicles, qui font environ 15. Chez les Hébreux, le talent valait environ 4,444 francs.
27. *Il fallait donc*, etc. Voy. page 408.
30. *Dans les ténèbres extérieures.* Compar. VIII, 12.
5. Les *phylactères* ou préservatifs étaient des bandes de parchemin qu'ils portaient sur le front et sur le bras, sur lesquelles étaient écrites certaines paroles de la loi. Compar. *Exode*, XIII, 16 ; *Deutér*. VI, 8 ; XI, 18. — *Et des franges fort longues.* Compar. *Matth.*, IX, 20.
9-10. Ce qui se lit dans ces deux versets veut dire que nous devons mettre incomparablement notre Père céleste au-dessus de tout père selon la chair, et que nous ne devons suivre aucun maître qui nous détourne de Jésus-Christ. Mais cela ne nous empêche pas d'avoir, conformément à la loi divine, tout le respect dû pour nos pères selon la chair, pour nos pères spirituels (*I Corinth.*, IV, 15) et pour nos maîtres et précepteurs.

15. *Fils de la géhenne;* c'est-à-dire de l'enfer, hébraïsme, pour digne de l'enfer. Ainsi le sens est : Vous le rendez digne de l'enfer deux fois plus que vous. — *Géhenne.* Voy. V, 22.

27. Les Juifs, dans la crainte qu'on ne se souillât en touchant les tombeaux, les blanchissaient en dehors afin qu'on les distinguât.

SAINT MATTHIEU. — CHAPITRE XXIII.

5. Ils font toutes leurs œuvres pour être vus des hommes ; car ils portent de très-larges phylactères, et des franges fort longues.
6. Ils aiment les premières places dans les festins et les premiers sièges dans les synagogues ;
7. Les salutations dans les places publiques ; et à être appelés maîtres par les hommes.
8. Pour vous, ne veuillez pas être appelés maîtres ; car un seul est votre maître et vous êtes tous frères.
9. Et n'appelez sur la terre personne votre père ; car un seul est votre Père, lequel est dans les cieux.
10. Qu'on ne vous appelle point non plus maîtres ; parce qu'un seul est votre maître, le Christ.
11. Celui qui est le plus grand parmi vous, sera votre serviteur.
12. Car quiconque s'exaltera, sera humilié, et quiconque s'humiliera sera exalté.
13. Mais malheur à vous, scribes et pharisiens hypocrites, parce que vous fermez aux hommes le royaume des cieux. Vous n'entrez pas vous-mêmes, et vous ne souffrez pas que les autres entrent.
14. Malheur à vous, scribes et pharisiens hypocrites, parce que, sous le prétexte de vos longues prières, vous dévorez les maisons des veuves : c'est pour cela que vous subirez un jugement plus rigoureux.
15. Malheur à vous, scribes et pharisiens hypocrites, parce que vous parcourez la mer et la terre pour faire un prosélyte ; et quand il est fait, vous faites de lui un fils de la géhenne deux fois plus que vous.
16. Malheur à vous, guides aveugles, qui dites : Quiconque jure par le temple, ce n'est rien ; mais quiconque jure par l'or du temple, doit ce qu'il a juré.
17. Insensés et aveugles, lequel est le plus grand, l'or ou le temple qui sanctifie l'or ?
18. Et quiconque jure par l'autel, ce n'est rien : mais quiconque jure par l'offrande déposée sur l'autel, est engagé.
19. Aveugles, lequel est le plus grand, l'offrande ou l'autel qui sanctifie l'offrande ?
20. Celui donc qui jure par l'autel, jure par lui et par tout ce qui est dessus lui.
21. Et quiconque jure par le temple jure par lui et par celui dont il est la demeure.
22. Et celui qui jure par le ciel, jure par le trône de Dieu et par celui qui y est assis.
23. Malheur à vous, pharisiens et scribes hypocrites, qui payez la dîme de la menthe et de l'aneth et du cumin, et qui négligez les choses les plus graves de la loi, la justice, la miséricorde et la foi ; il fallait dire ceci et ne pas omettre cela.
24. Guides aveugles, qui employez un filtre pour le moucheron, et qui avalez le chameau.
25. Malheur à vous, scribes et pharisiens hypocrites, parce que vous nettoyez les dehors de la coupe et du plat, tandis qu'au dedans vous êtes pleins de souillure et de rapine.
26. Pharisien aveugle, nettoie d'abord le dedans de la coupe et du plat, afin que le dehors soit net aussi.
27. Malheur à vous, scribes et pharisiens hypocrites, parce que vous ressemblez à des sépulcres blanchis, qui au dehors paraissent beaux aux hommes, mais au dedans sont pleins d'ossements de morts et de toute sorte de pourriture.
28. Ainsi vous aussi, au dehors, vous paraissez justes aux

---

5. Les *phylactères* ou préservatifs étaient des bandes de parchemin qu'ils portaient sur le front et sur le bras, et sur lesquelles étaient écrites certaines paroles de la loi. Compar. *Exode*, XIII, 10 ; *Deutér*., VI, 8 ; XI, 18. — *Et des franges fort longues*. Compar. *Matth*., IX, 20.
9-10. Ce qui se lit dans ces deux versets veut dire que nous devons mettre incomparablement notre Père céleste au-dessus de tout père selon la chair, et que nous ne devons suivre aucun maître qui nous détourne de Jésus-Christ. Mais cela ne nous empêche pas d'avoir, conformément à la loi divine, tout le respect dû pour nos pères selon la chair, pour nos pères spirituels (*I Corinth*., IV, 15) et pour nos maîtres et précepteurs.
15. *Fils de la géhenne* ; c'est-à-dire de l'enfer ; hébraïsme, pour digne de l'enfer. Ainsi le sens est : Vous le rendez digne de l'enfer deux fois plus que vous. — *Géhenne*. Voy. v, 22.
27. Les Juifs, dans la crainte qu'on ne se souillât en touchant les tombeaux, les blanchissaient au dehors afin qu'on les distinguât.

---

5. Ils font toutes leurs œuvres pour être vus des hommes ; car ils portent de très-larges phylactères, et des franges fort longues.
6. Ils aiment les premières places dans les festins et les premiers sièges dans les synagogues ;
7. Les salutations dans les places publiques ; et à être appelés maîtres par les hommes.
8. Pour vous, ne veuillez pas être appelés maîtres ; car un seul est votre maître et vous êtes tous frères.
9. Et n'appelez sur la terre personne votre père ; car un seul est votre Père, lequel est dans les cieux.
10. Qu'on ne vous appelle point non plus maîtres ; parce qu'un seul est votre maître, le Christ.
11. Celui qui est le plus grand parmi vous, sera votre serviteur.
12. Car quiconque s'exaltera, sera humilié, et quiconque s'humiliera sera exalté.
13. Mais malheur à vous, scribes et pharisiens hypocrites, parce que vous fermez aux hommes le royaume des cieux. Vous n'entrez pas vous-mêmes et vous ne souffrez pas que les autres entrent.
14. Malheur à vous, scribes et pharisiens hypocrites, parce que, sous le prétexte de vos longues prières, vous dévorez les maisons des veuves : c'est pour cela que vous subirez un jugement plus rigoureux.
15. Malheur à vous, scribes et pharisiens hypocrites, parce que vous parcourez la mer et la terre pour faire un prosélyte ; et quand il est fait, vous faites de lui un fils de la géhenne deux fois plus que vous.
16. Malheur à vous, guides aveugles, qui dites : Quiconque jure par le temple, ce n'est rien ; mais quiconque jure par l'or du temple, doit ce qu'il a juré.
17. Insensés et aveugles, lequel est le plus grand, l'or ou le temple qui sanctifie l'or ?
18. Et quiconque jure par l'autel, ce n'est rien : mais quiconque jure par l'offrande déposée sur l'autel, est engagé.
19. Aveugles, lequel est le plus grand, l'offrande ou l'autel qui sanctifie l'offrande ?
20. Celui donc qui jure par l'autel, jure par lui et par tout ce qui est dessus lui.
21. Et quiconque jure par le temple jure par lui et par celui dont il est la demeure.
22. Et celui qui jure par le ciel, jure par le trône de Dieu et par celui qui y est assis.
23. Malheur à vous, pharisiens et scribes hypocrites, qui payez la dîme de la menthe et de l'aneth et du cumin, et qui négligez les choses les plus graves de la loi, la justice, la miséricorde et la foi ; il fallait faire ceci et ne pas omettre cela.
24. Guides aveugles, qui employez un filtre pour le moucheron, et qui avalez le chameau.
25. Malheur à vous, scribes et pharisiens hypocrites, parce que vous nettoyez les dehors de la coupe et du plat, tandis qu'au dedans vous êtes plein de souillures et de rapine.
26. Pharisien aveugle, nettoie d'abord le dedans de la coupe et du plat, afin que le dehors soit net aussi.
27. Malheur à vous, scribes et pharisiens hypocrites, parce que vous ressemblez à des sépulcres blanchis, qui au dehors paraissent beaux aux hommes, mais au dedans sont pleins d'ossements de morts et de toute sorte de pourriture.
28. Ainsi vous aussi, au dehors, vous paraissez justes aux hommes ; mais au dedans vous êtes pleins d'hypocrisie et d'iniquité.
29. Malheur à vous, scribes et pharisiens hypocrites, qui bâtissez les tombeaux des prophètes, ornez les monuments des justes,
30. Et qui dites : Si nous avions été du temps de nos pères, nous n'aurions pas été complices avec eux du sang des prophètes.
31. Ainsi vous êtes à vous-mêmes un témoignage que vous êtes les fils de ceux qui ont tué les prophètes.
32. Comblez donc aussi la mesure de vos pères.
33. Serpents, races de vipères, comment fuirez-vous le jugement

---

5. Les *phylactères* ou préservatifs étaient des bandes de parchemin qu'ils portaient sur le front et sur le bras, et sur lesquelles étaient écrites certaines paroles de la loi. Compar. *Exode*, XIII, 10 ; *Deutér*., VI, 8 ; XI, 18. — *Et des franges fort longues*.
9-10. Ce qui se lit dans ces deux versets veut dire que nous devons mettre incomparablement notre Père céleste au-dessus de tout père selon la chair, et que nous ne devons suivre aucun maître qui nous détourne de Jésus-Christ. Mais cela ne nous empêche pas d'avoir, conformément à la loi divine, tout le respect dû pour nos pères selon la chair, pour nos pères spirituels (*I Corinth*., IV, 15) et pour nos maîtres et précepteurs.
15. *Fils de la géhenne* ; c'est-à-dire de l'enfer ; hébraïsme, pour digne de l'enfer. Ainsi le sens est : Vous le rendez digne de l'enfer deux fois plus que vous. — *Géhenne*. Voy. v, 22.
27. Les Juifs, dans la crainte qu'on ne se souillât en touchant les tombeaux, les blanchissaient au dehors afin qu'on les distinguât.
33. *Le jugement de la géhenne* ; c'est-à-dire la condamnation à la géhenne, à l'enfer. Compar. v, 22.

LE SAINT ÉVANGILE
DE JÉSUS-CHRIST

SELON

SAINT MATTHIEU

Avant d'être appelé à l'apostolat par Jésus-Christ, saint Matthieu était publicain et se nommait Lévi. Il écrivit l'Évangile six ans environ après l'ascension du Sauveur et adopta la langue syro-chaldaïque, alors usitée en Palestine. L'original est perdu : nous possédons seulement la version grecque faite du temps des Apôtres et la vulgate que l'Église a déclarée authentique.

21. Dieu lui dit : Descendez et avertissez le peuple, de peur qu'il ne passe les limites pour voir le Seigneur, et qu'une grande multitude ne périsse.
22. Que les prêtres ¹ aussi qui s'approchent du Seigneur se sanctifient, de peur qu'il ne les frappe.
23. Moïse répondit au Seigneur : Le peuple ne pourra monter sur la montagne de Sinaï, parce que vous avez fait vous-même ce commandement, en me disant : Mettez des limites autour de la montagne, et sanctifiez le peuple.
24. Le Seigneur reprit : Allez, descendez. Vous monterez ensuite, et Aaron avec vous. Mais que les prêtres et le peuple ne passent point les limites, et qu'ils ne montent pas vers le Seigneur, de peur qu'il ne les fasse mourir.
25. Moïse descendit vers le peuple, et lui rapporta tout.

CHAPITRE XX

Le Décalogue.

1. Le Seigneur parla ensuite en ces termes :
2. Je suis le Seigneur votre Dieu, qui vous ai tirés de l'Égypte, de la maison de servitude.
3. Vous n'aurez point d'autre Dieu que moi.
4. Vous ne vous ferez point d'image taillée, ni aucune figure de ce qui est en haut dans le ciel et en bas sur la terre, ni de ce qui est dans les eaux sous la terre ².
5. Vous ne les adorerez point, et vous ne leur rendrez point de culte. Je suis le Seigneur votre Dieu, fort et jaloux, qui venge l'iniquité des pères sur les enfants jusqu'à la troisième et à la quatrième génération dans tous ceux qui me haïssent,
6. Et qui fais miséricorde dans la suite de mille générations à ceux qui m'aiment et gardent mes commandements.
7. Vous ne prendrez point en vain le nom du Seigneur votre Dieu ; car le Seigneur ne tiendra pas pour innocent celui qui aura pris en vain le nom du Seigneur son Dieu.
8. Souvenez-vous de sanctifier le jour du sabbat.
9. Vous travaillerez six jours, et vous ferez tout ce que vous aurez à faire.

avaient échappé à la grêle ; et il ne resta absolument rien de vert, ni sur les arbres ni dans les champs en Égypte.
16. C'est pourquoi Pharaon se hâta de faire venir Moïse et Aaron, et leur dit : J'ai péché contre le Seigneur votre Dieu et contre vous.
17. Mais pardonnez-moi ma faute encore cette fois, et priez le Seigneur votre Dieu, d'éloigner de moi cette mort ¹.
18. Moïse, ayant quitté Pharaon, pria le Seigneur,
19. Qui fit souffler de l'occident un vent violent, qui enleva les sauterelles et les jeta dans la mer Rouge. Il n'en resta pas une seule dans toute l'Égypte.
20. Le Seigneur endurcit le cœur de Pharaon, et il ne laissa point aller les enfants d'Israël.
21. Le Seigneur dit donc à Moïse : Étendez votre main vers le ciel, et qu'il se forme sur l'Égypte des ténèbres si épaisses, qu'elles soient palpables ².
22. Moïse étendit sa main vers le ciel, et des ténèbres horribles couvrirent toute l'Égypte pendant trois jours.
23. Nul ne vit son frère, ni ne se remua du lieu où il était ; mais la lumière brillait partout où habitaient les enfants d'Israël ³.
24. Alors Pharaon fit venir Moïse et Aaron, et leur dit : Allez, sacrifiez au Seigneur ; que vos brebis seulement et vos troupeaux restent ici, et que vos petits enfants aillent avec vous.
25. Moïse répondit : Vous nous donnerez aussi des victimes et des holocaustes, que nous offrirons au Seigneur notre Dieu.
26. Tous nos troupeaux marcheront avec nous ; il ne restera pas seulement une corne de leurs pieds, parce que nous en avons besoin pour le culte du Seigneur notre Dieu, d'autant plus que nous ignorons ce qui doit lui être immolé, jusqu'à ce que nous soyons arrivés au lieu marqué.
27. Mais le Seigneur endurcit le cœur de Pharaon, et il refusa de les laisser aller.
28. Pharaon dit à Moïse : Retirez-vous, et gardez-vous bien de paraître jamais devant moi ; car le jour où vous vous présenterez à moi, vous mourrez.

LE SAINT ÉVANGILE
DE JÉSUS-CHRIST

SELON

SAINT MATTHIEU

Avant d'être appelé à l'apostolat par Jésus-Christ, saint Matthieu était publicain et se nommait Lévi.
Il écrivit l'Évangile six ans environ après l'ascension du Sauveur
et adopta la langue syro-chaldaïque, alors usitée en Palestine.
L'original est perdu ; nous possédons seulement la version grecque faite du temps des Apôtres

21. Dieu lui dit : Descendez et avertissez le peuple, de peur qu'il ne passe les limites pour voir le Seigneur, et qu'une grande multitude ne périsse.
22. Que les prêtres ¹ aussi qui s'approchent du Seigneur se sanctifient, de peur qu'il ne les frappe.
23. Moïse répondit au Seigneur : Le peuple ne pourra monter sur la montagne de Sinaï, parce que vous avez fait vous-même ce commandement, en me disant : Mettez des limites autour de la montagne, et sanctifiez le peuple.
24. Le Seigneur reprit : Allez, descendez. Vous monterez ensuite, et Aaron avec vous. Mais que les prêtres et le peuple ne passent point les limites, et qu'ils ne montent pas vers le Seigneur, de peur qu'il ne les fasse mourir.
25. Moïse descendit vers le peuple, et lui rapporta tout.

CHAPITRE XX

Le Décalogue.

1. Le Seigneur parla ensuite en ces termes :
2. Je suis le Seigneur votre Dieu, qui vous ai tirés de l'Égypte, de la maison de servitude.
3. Vous n'aurez point d'autre Dieu que moi.
4. Vous ne vous ferez point d'image taillée, ni aucune figure de ce qui est en haut dans le ciel et en bas sur la terre, ni de ce qui est dans les eaux sous la terre ².
5. Vous ne les adorerez point, et vous ne leur rendrez point de culte ³. Je suis le Seigneur votre Dieu, fort et jaloux, qui venge l'iniquité des pères sur les enfants jusqu'à la troisième et à la quatrième génération dans tous ceux qui me haïssent,
6. Et qui fais miséricorde dans la suite de mille générations à ceux qui m'aiment et gardent mes commandements.
7. Vous ne prendrez point en vain le nom du Seigneur votre Dieu ; car le Seigneur ne tiendra pas pour innocent celui qui aura pris en vain le nom du Seigneur son Dieu.
8. Souvenez-vous de sanctifier le jour du sabbat.
9. Vous travaillerez six jours, et vous ferez tout ce que vous aurez à faire.

avaient échappé à la grêle ; et il ne resta absolument rien de vert, ni sur les arbres ni dans les champs en Égypte.
16. C'est pourquoi Pharaon se hâta de faire venir Moïse et Aaron, et leur dit : J'ai péché contre le Seigneur votre Dieu et contre vous.
17. Mais pardonnez-moi ma faute encore cette fois, et priez le Seigneur votre Dieu, d'éloigner de moi cette mort¹.
18. Moïse, ayant quitté Pharaon, pria le Seigneur,
19. Qui fit souffler de l'occident un vent violent, qui enleva les sauterelles et les jeta dans la mer Rouge. Il n'en resta pas une seule dans toute l'Égypte.
20. Le Seigneur endurcit le cœur de Pharaon, et il ne laissa point aller les enfants d'Israël.
21. Le Seigneur dit donc à Moïse : Étendez votre main vers le ciel, et qu'il se forme sur l'Égypte des ténèbres si épaisses, qu'elles soient palpables².
22. Moïse étendit sa main vers le ciel, et des ténèbres horribles couvrirent toute l'Égypte pendant trois jours.
23. Nul ne vit son frère, ni ne se remua du lieu où il était ; mais la lumière brillait partout où habitaient les enfants d'Israël³.
24. Alors Pharaon fit venir Moïse et Aaron, et leur dit : Allez, sacrifiez au Seigneur ; que vos brebis seulement et vos troupeaux restent ici, et que vos petits enfants aillent avec vous.
25. Moïse répondit : Vous nous donnerez aussi des victimes et des holocaustes, que nous offrirons au Seigneur notre Dieu.
26. Tous nos troupeaux marcheront avec nous ; il ne restera pas seulement une corne de leurs pieds, parce que nous en avons besoin pour le culte du Seigneur notre Dieu, d'autant plus que nous ignorons ce qui doit lui être immolé, jusqu'à ce que nous soyons arrivés au lieu marqué.
27. Mais le Seigneur endurcit le cœur de Pharaon, et il refusa de les laisser aller.
28. Pharaon dit à Moïse : Retirez-vous, et gardez-vous bien de paraître jamais devant moi ; car le jour où vous vous présenterez à moi, vous mourrez.

9. Les sages leur répondirent : De peur que ce que nous en avons ne suffise pas pour vous et pour nous, allez plutôt à ceux qui en vendent, et achetez-en ce qu'il vous en faut.

10. Mais, pendant qu'elles allaient en acheter, l'époux arriva ; et celles qui étaient prêtes entrèrent avec lui aux noces, et la porte fut fermée.

11. Enfin les autres vierges vinrent aussi, et lui dirent : Seigneur, Seigneur, ouvrez-nous.

12. Mais il leur répondit : Je vous le dis en vérité, je ne vous connais point.

13. Veillez donc, parce que vous ne savez ni le jour ni l'heure.

14. Car il agit comme un homme qui, devant faire un long voyage, appela ses serviteurs et leur mit son bien entre les mains.

15. Et ayant donné cinq talents à l'un, deux à un autre, et un à un autre, selon la capacité de chacun d'eux, il partit aussitôt.

16. Celui donc qui avait reçu cinq talents s'en alla, et les fit valoir, et il en gagna cinq autres.

17. Celui qui en avait reçu deux, en gagna de même encore deux autres.

18. Mais celui qui n'en avait reçu qu'un, alla faire un trou dans la terre, et y cacha l'argent de son maître.

19. Longtemps après, le maître de ces serviteurs étant venu, leur fit rendre compte.

20. Celui qui avait reçu cinq talents s'approchant, en présenta cinq autres, et dit : Seigneur, vous m'avez donné cinq talents, en voilà cinq autres que j'ai gagnés de plus.

21. Son maître lui répondit : Bien ! ô bon et fidèle serviteur ; parce que vous avez été fidèle dans de petites choses, je vous établirai sur de beaucoup plus grandes : entrez dans la joie de votre seigneur.

22. Celui qui avait reçu deux talents s'approcha aussi, et dit : Seigneur, vous m'avez donné deux talents, en voici deux autres que j'ai gagnés.

23. Son maître lui répondit : Bien ! ô bon et fidèle serviteur ; parce que vous avez été fidèle dans de petites choses, je vous établirai sur de beaucoup plus grandes : entrez dans la joie de votre seigneur.

24. Celui qui n'avait reçu qu'un talent, s'approchant ensuite, dit : Seigneur, je sais que vous êtes un homme dur, que vous moissonnez où vous n'avez point semé, et que vous recueillez où vous n'avez rien répandu.

25. C'est pourquoi, dans ma crainte, j'ai été cacher votre talent dans la terre : le voici, je vous rends ce qui vous appartient.

26. Mais son maître lui répondit : Serviteur méchant et paresseux, vous saviez que je moissonne où je n'ai point semé, et que je recueille où je n'ai rien répandu :

27. Vous deviez donc mettre mon argent entre les mains des banquiers, et, à mon retour, j'eusse retiré avec intérêt ce qui est à moi.

28. Qu'on lui ôte donc le talent qu'il a, et qu'on le donne à celui qui a dix talents.

29. Car on donnera à celui qui a déjà, et il sera dans l'abondance ; mais pour celui qui n'a rien, on lui ôtera même ce qu'il semble avoir.

30. Quant au serviteur inutile, qu'on le jette dans les ténèbres extérieures : c'est là qu'il y aura des pleurs et des grincements de dents.

31. Or, quand le Fils de l'homme viendra dans sa majesté, accompagné de tous ses anges, il sera assis sur le trône de sa gloire.

32. Et toutes les nations seront rassemblées devant lui, et il séparera les uns d'avec les autres, comme un berger sépare les brebis d'avec les boucs ;

33. Et il mettra les brebis à sa droite et les boucs à sa gauche.

34. Alors le roi dira à ceux qui seront à sa droite : Venez, les bénis de mon Père ; possédez le royaume qui vous a été préparé dès le commencement du monde :

35. Car j'ai eu faim, et vous m'avez donné à manger ; j'ai eu soif, et vous m'avez donné à boire ; j'étais étranger, et vous m'avez recueilli ;

36. J'ai été nu, et vous m'avez revêtu ; j'ai été malade, et vous m'avez visité ; j'ai été en prison, et vous êtes venus me voir.

37. Alors les justes lui répondront : Seigneur, quand est-ce que nous vous avons vu avoir faim, et que nous vous avons donné à manger ? ou avoir soif, et que nous vous avons donné à boire ?

38. Quand est-ce que nous vous avons vu étranger, et que nous vous avons recueilli ? ou sans habits, et que nous vous avons revêtu ?

39. Et quand est-ce que nous vous avons vu malade ou en prison, et que nous sommes venus vous visiter ?

40. Et le roi leur répondra : Je vous le dis en vérité, autant de fois que vous l'avez fait à un des moindres de mes frères que voici, c'est à moi-même que vous l'avez fait.

41. Il dira ensuite à ceux qui seront à sa gauche : Allez loin de moi, maudits, au feu éternel, qui a été préparé pour le diable et pour ses anges ;

42. Car j'ai eu faim, et vous ne m'avez pas donné à manger ; j'ai eu soif, et vous ne m'avez pas donné à boire ;

43. J'étais étranger, et vous ne m'avez point recueilli ; j'ai été sans habits, et vous ne m'avez point revêtu ; j'ai été malade et en prison, et vous ne m'avez point visité.

44. Alors ils lui répondront aussi : Seigneur, quand est-ce que nous vous avons vu avoir faim, ou avoir soif, ou être étranger, ou sans habits, ou malade, ou en prison, et que nous avons manqué de vous assister ?

45. Mais il leur répondra : Je vous dis, en vérité, autant de fois que vous avez manqué de le faire à un de ces plus petits, vous avez manqué de le faire à moi-même.

46. Et ceux-ci iront dans le supplice éternel, et les justes dans la vie éternelle.

CHAPITRE XXVI

Conspiration des Juifs. Parfums répandus sur la tête de Jésus-Christ. Trahison de Judas. Dernière cène. Institution de l'Eucharistie. Renoncement de saint Pierre prédit. Prière de Jésus dans le jardin. Il est pris, conduit chez Caïphe, accusé, condamné, outragé. Renoncement et pénitence de saint Pierre.

1. Jésus ayant achevé tous ces discours, il dit à ses disciples :

2. Vous savez que la pâque se fera dans deux jours, et que le Fils de l'homme sera livré pour être crucifié.

3. En ce même temps les princes des prêtres et les anciens du peuple s'assemblèrent dans la salle du grand prêtre appelé Caïphe,

4. Et tinrent conseil ensemble pour se saisir de Jésus, par ruse, et le faire mourir.

5. Et ils disaient : Il ne faut pas que ce soit pendant la fête, de peur qu'il ne s'excite quelque tumulte parmi le peuple.

6. Or, comme Jésus était en Béthanie, dans la maison de Simon le lépreux,

7. Une femme vint à lui avec un vase d'albâtre plein d'un parfum de grand prix, qu'elle lui répandit sur la tête, lorsqu'il était à table.

---

6. *Simon le lépreux* ; c'est-à-dire qui avait été lépreux.
13. *Trente pièces d'argent* ; c'est-à-dire trente sicles, qui font environ
15. Chez les Hébreux, le talent valait environ 4,414 francs.
27. *Il fallait donc*. Voy. page 460.
30. *Dans les ténèbres extérieures*. Compar. VIII, 12.
5. Les *phylactères* ou préservatifs étaient des bandes de parchemin qu'ils portaient sur le front et sur le bras, et sur lesquelles étaient écrites certaines paroles de la loi. Compar. *Exode*, XIII, 16 ; *Deutér.*, XI, 8 ; XI, 48.
— *Et des franges fort longues.* Compar. *Matth.*, IX, 20.
9-10. Ce qui se lit dans ces deux versets veut dire que nous devons

mettre incomparablement notre Père céleste au-dessus de tout père selon la chair, et que nous ne devons suivre aucun maître qui nous détourne de Jésus-Christ. Mais cela ne nous empêche pas d'avoir, conformément à la loi divine, tout le respect dû pour nos pères selon la chair, pour nos pères spirituels (*I Corinth.*, IV, 15) et pour nos maîtres et précepteurs.
15. *Fils de la géhenne*, c'est-à-dire de l'enfer ; hébraïsme, pour digne de l'enfer. Ainsi le sens est : Vous les rendez digne de l'enfer deux fois plus que vous. — *Géhenne*. Voy. V, 22.
27. Les Juifs, dans la crainte qu'on ne se souillât en touchant les tombeaux, les blanchissaient au dehors afin qu'on les distinguât.

LE SAINT ÉVANGILE
DE JÉSUS-CHRIST

SELON

SAINT MATTHIEU

Avant d'être appelé à l'apostolat par Jésus-Christ, saint Matthieu était publicain et se nommait Lévi.
Il écrivit l'Évangile six ans environ après l'ascension du Sauveur
et adopta la langue syro-chaldaïque, alors usitée en Palestine.
L'original est perdu : nous possédons seulement la version grecque faite du temps des Apôtres
et la vulgate que l'Église a déclarée authentique.

21. Dieu lui dit : Descendez et avertissez le peuple, de peur qu'il ne passe les limites pour voir le Seigneur, et qu'une grande multitude ne périsse.
22. Que les prêtres ¹ aussi qui s'approchent du Seigneur se sanctifient, de peur qu'il ne les frappe.
23. Moïse répondit au Seigneur : Le peuple ne pourra monter sur la montagne de Sinaï, parce que vous nous avez fait vous-même ce commandement, en me disant : Mettez des limites autour de la montagne, et sanctifiez le peuple.
24. Le Seigneur reprit : Allez, descendez. Vous monterez ensuite, et Aaron avec vous. Mais que les prêtres et le peuple ne passent point les limites, et qu'ils ne montent pas vers le Seigneur, de peur qu'il ne les fasse mourir.
25. Moïse descendit vers le peuple, et lui rapporta tout.

CHAPITRE XX

Le Décalogue.

1. Le Seigneur parla ensuite en ces termes :
2. Je suis le Seigneur votre Dieu, qui vous ai tirés de l'Égypte, de la maison de servitude.
3. Vous n'aurez point d'autre Dieu que moi.
4. Vous ne vous ferez point d'image taillée, ni aucune figure de ce qui est en haut dans le ciel et en bas sur la terre, ni de ce qui est dans les eaux sous la terre ².
5. Vous ne les adorerez point, et vous ne leur rendrez point de culte ³. Je suis le Seigneur votre Dieu, fort et jaloux, qui venge l'iniquité des pères sur les enfants jusqu'à la troisième et à la quatrième génération dans tous ceux qui me haïssent,
6. Et qui fais miséricorde dans la suite de mille générations à ceux qui m'aiment et gardent mes commandements.
7. Vous ne prendrez point en vain le nom du Seigneur votre Dieu ; car le Seigneur ne tiendra pas pour innocent celui qui aura pris en vain le nom du Seigneur son Dieu.
8. Souvenez-vous de sanctifier le jour du sabbat.
9. Vous travaillerez six jours, et vous ferez tout ce que vous aurez à faire.

avaient échappé à la grêle ; et il ne resta absolument rien de vert, ni sur les arbres ni dans les champs en Égypte.
16. C'est pourquoi Pharaon se hâta de faire venir Moïse et Aaron, et leur dit : J'ai péché contre le Seigneur votre Dieu et contre vous.
17. Mais pardonnez-moi ma faute encore cette fois, et priez le Seigneur votre Dieu, d'éloigner de moi cette mort ¹.
18. Moïse, ayant quitté Pharaon, pria le Seigneur,
19. Qui fit souffler de l'occident un vent violent, qui enleva les sauterelles et les jeta dans la mer Rouge. Il n'en resta pas une seule dans toute l'Égypte.
20. Le Seigneur endurcit le cœur de Pharaon, et il ne laissa point aller les enfants d'Israël.
21. Le Seigneur dit donc à Moïse : Étendez votre main vers le ciel, et qu'il se forme sur l'Égypte des ténèbres si épaisses, qu'elles soient palpables ².
22. Moïse étendit sa main vers le ciel, et des ténèbres horribles couvrirent toute l'Égypte pendant trois jours.
23. Nul ne vit son frère, ni ne se remua du lieu où il était ; mais la lumière brillait partout où habitaient les enfants d'Israël ³.
24. Alors Pharaon fit venir Moïse et Aaron, et leur dit : Allez, sacrifiez au Seigneur ; que vos brebis seulement et vos troupeaux restent ici, et que vos petits enfants aillent avec vous.
25. Moïse répondit : Vous nous donnerez aussi des victimes et des holocaustes, que nous offrirons au Seigneur notre Dieu.
26. Tous nos troupeaux marcheront avec nous ; il ne restera pas seulement une corne de leurs pieds, parce que nous en avons besoin pour le culte du Seigneur notre Dieu, d'autant plus que nous ignorons ce qui doit lui être immolé, jusqu'à ce que nous soyons arrivés au lieu marqué.
27. Mais le Seigneur endurcit le cœur de Pharaon, et il refusa de les laisser aller.
28. Pharaon dit à Moïse : Retirez-vous, et gardez-vous bien de paraître jamais devant moi ; car le jour où vous vous présenterez à moi, vous mourrez.

9. Les sages leur répondirent : De peur que ce que nous en avons ne suffise pas pour vous et pour nous, allez plutôt à ceux qui en vendent, et achetez-en ce qu'il vous en faut.

10. Mais, pendant qu'elles allaient en acheter, l'époux arriva; et celles qui étaient prêtes entrèrent avec lui aux noces, et la porte fut fermée.

11. Enfin les autres vierges vinrent aussi, et lui dirent : Seigneur, Seigneur, ouvrez-nous.

12. Mais il leur répondit : Je vous le dis en vérité, je ne vous connais point.

13. Veillez donc, parce que vous ne savez ni le jour ni l'heure.

14. Car il agit comme un homme qui, devant faire un long voyage, appela ses serviteurs et leur mit son bien entre les mains.

15. Et ayant donné cinq talents à l'un, deux à un autre, et un à un autre, selon la capacité de chacun d'eux, il partit aussitôt.

16. Celui donc qui avait reçu cinq talents s'en alla, et les fit valoir, et il en gagna cinq autres.

17. Celui qui en avait reçu deux, en gagna de même encore deux autres.

18. Mais celui qui n'en avait reçu qu'un, alla faire un trou dans la terre, et y cacha l'argent de son maître.

19. Longtemps après, le maître de ces serviteurs étant venu, leur fit rendre compte.

20. Celui qui avait reçu cinq talents s'approchant, en présenta cinq autres, et dit : Seigneur, vous m'avez donné cinq talents, en voilà cinq autres que j'ai gagnés de plus.

21. Son maître lui répondit : Bien ! ô bon et fidèle serviteur; parce que vous avez été fidèle dans de petites choses, je vous établirai sur de beaucoup plus grandes : entrez dans la joie de votre seigneur.

22. Celui qui avait reçu deux talents s'approcha aussi, et dit : Seigneur, vous m'avez donné deux talents, en voici deux autres que j'ai gagnés.

23. Son maître lui répondit : Bien ! ô bon et fidèle serviteur; parce que vous avez été fidèle dans de petites choses, je vous établirai sur de beaucoup plus grandes : entrez dans la joie de votre seigneur.

24. Celui qui n'avait reçu qu'un talent, s'approchant ensuite, dit : Seigneur, je sais que vous êtes un homme dur, que vous moissonnez où vous n'avez point semé, et que vous recueillez où vous n'avez rien répandu.

25. C'est pourquoi, dans ma crainte, j'ai été cacher votre talent dans la terre : le voici, je vous rends ce qui vous appartient.

26. Mais son maître lui répondit : Serviteur méchant et paresseux, vous saviez que je moissonne où je n'ai point semé, et que je recueille où je n'ai rien répandu.

27. Vous deviez donc mettre mon argent entre les mains des banquiers, et, à mon retour, j'eusse retiré avec intérêt ce qui est à moi.

28. Qu'on lui ôte donc le talent qu'il a, et qu'on le donne à celui qui a dix talents.

29. Car on donnera à celui qui a déjà, et il sera dans l'abondance; mais pour celui qui n'a rien, on lui ôtera même ce qu'il semble avoir.

30. Quant à ce serviteur inutile, qu'on le jette dans les ténèbres extérieures : c'est là qu'il y aura des pleurs et des grincements de dents.

31. Or, quand le Fils de l'homme viendra dans sa majesté, accompagné de tous ses anges, il sera assis sur le trône de sa gloire.

32. Et toutes les nations seront rassemblées devant lui, et il séparera les uns d'avec les autres, comme un berger sépare les brebis d'avec les boucs;

33. Et il mettra les brebis à sa droite et les boucs à sa gauche.

34. Alors le roi dira à ceux qui seront à sa droite : Venez, les bénis de mon Père ; possédez le royaume qui vous a été préparé dès le commencement du monde :

35. Car j'ai eu faim, et vous m'avez donné à manger; j'ai eu soif, et vous m'avez donné à boire; j'étais étranger, et vous m'avez recueilli;

36. J'ai été nu, et vous m'avez revêtu; j'ai été malade, et vous m'avez visité; j'ai été en prison, et vous êtes venus me voir.

37. Alors les justes lui répondront : Seigneur, quand est-ce que nous vous avons vu avoir faim, et que nous vous avons donné à manger? ou avoir soif, et que nous vous avons donné à boire?

38. Quand est-ce que nous vous avons vu étranger, et que nous vous avons recueilli? ou sans habits, et que nous vous avons revêtu?

39. Et quand est-ce que nous vous avons vu malade ou en prison, et que nous sommes venus vous visiter?

40. Et le roi leur répondra : Je vous le dis en vérité, autant de fois que vous l'avez fait à un des moindres de mes frères que voici, c'est à moi-même que vous l'avez fait.

41. Il dira ensuite à ceux qui seront à sa gauche : Allez loin de moi; maudits, au feu éternel, qui a été préparé pour le diable et pour ses anges;

42. Car j'ai eu faim, et vous ne m'avez pas donné à manger; j'ai eu soif, et vous ne m'avez pas donné à boire;

43. J'étais étranger, et vous ne m'avez point recueilli; j'ai été sans habits, et vous ne m'avez point revêtu; j'ai été malade et en prison, et vous ne m'avez point visité.

44. Alors ils lui répondront aussi : Seigneur, quand est-ce que nous vous avons vu avoir faim, ou avoir soif, ou être étranger, ou sans habits, ou malade, ou en prison, et que nous avons manqué de vous assister?

45. Mais il leur répondra : Je vous le dis, en vérité, autant de fois que vous avez manqué de le faire à un de ces plus petits, vous avez manqué de le faire à moi-même.

46. Et ceux-ci iront dans le supplice éternel, et les justes dans la vie éternelle.

CHAPITRE XXVI

Conspiration des Juifs. Parfums répandus sur la tête de Jésus-Christ. Trahison de Judas. Dernière cène. Institution de l'Eucharistie. Renoncement de saint Pierre prédit. Prière de Jésus dans le jardin. Il est pris, conduit chez Caïphe, accusé, condamné, outragé. Renoncement et pénitence de saint Pierre.

1. Jésus ayant achevé tous ces discours, il dit à ses disciples :

2. Vous savez que la pâque se fera dans deux jours, et que le Fils de l'homme sera livré pour être crucifié.

3. En ce même temps les princes des prêtres et les anciens du peuple s'assemblèrent dans la salle du grand prêtre appelé Caïphe,

4. Et tinrent conseil ensemble pour se saisir de Jésus, par ruse, et le faire mourir.

5. Et ils disaient : Il ne faut pas que ce soit pendant la fête, de peur qu'il ne s'excite quelque tumulte parmi le peuple.

6. Or, comme Jésus était à Béthanie, dans la maison de Simon le lépreux,

7. Une femme vint à lui avec un vase d'albâtre plein d'un parfum de grand prix, qu'elle lui répandit sur la tête, lorsqu'il était à table.

---

6. *Simon le lépreux*; c'est-à-dire qui avait été lépreux.
15. *Trente pièces d'argent*; c'est-à-dire trente sicles, qui font environ 75 francs.
13. Chez les Hébreux, le talent valait environ 4,414 francs.
27. *Il fallait donc*, etc. Voy. page 466.
30. *Dans les ténèbres extérieures*. Compar. VIII, 12.
5. Les *phylactères* ou préservatifs étaient des bandes de parchemin qu'ils portaient sur le front et sur le bras, et sur lesquelles étaient écrites certaines paroles de la loi. Compar. *Exode*, XIII, 16; *Deutér.*, VI, 8; XI, 18.
— *Et des franges fort longues.* Compar. *Matth.*, IX, 20.
9-10. Ce qui se lit dans ces deux versets veut dire que nous devons mettre incomparablement notre Père céleste au-dessus de tout père selon la chair, et que nous ne devons suivre aucun maître qui nous détourne de Jésus-Christ. Mais cela ne nous empêche pas d'avoir, conformément à la loi divine, tout le respect dû pour nos pères selon la chair, pour nos pères spirituels (I Corinth., IV, 15) et pour nos maîtres et précepteurs.
15. *Fils de la géhenne*, c'est-à-dire de l'enfer; hébraïsme, pour digne de l'enfer. Ainsi le sens est : Vous le rendez digne de l'enfer deux fois plus que vous. — *Géhenne*. Voy. V, 22.
27. Les Juifs, dans la crainte qu'on ne se souillât en touchant les tombeaux, les blanchissaient au dehors afin qu'on les distinguât.

LE SAINT ÉVANGILE
DE JÉSUS-CHRIST

SELON

SAINT MATTHIEU

Avant d'être appelé à l'apostolat par Jésus-Christ, saint Matthieu était publicain et se nommait Lévi.
Il écrivit l'Évangile six ans environ après l'ascension du Sauveur
et adopta la langue syro-chaldaïque, alors usitée en Palestine.
L'original est perdu : nous possédons seulement la version grecque faite du temps des Apôtres
et la vulgate que l'Église a déclarée authentique.

21. Dieu lui dit : Descendez et avertissez le peuple, de peur qu'il ne passe les limites pour voir le Seigneur, et qu'une grande multitude ne périsse.

22. Que les prêtres aussi qui s'approchent du Seigneur se sanctifient, de peur qu'il ne les frappe.

23. Moïse répondit au Seigneur : Le peuple ne pourra monter sur la montagne de Sinaï, parce que vous avez fait vous-même ce commandement, en me disant : Mettez des limites autour de la montagne, et sanctifiez le peuple.

24. Le Seigneur reprit : Allez, descendez. Vous monterez ensuite, et Aaron avec vous. Mais que les prêtres et le peuple ne passent point les limites, et qu'ils ne montent pas vers le Seigneur, de peur qu'il ne les fasse mourir.

25. Moïse descendit vers le peuple, et lui rapporta tout.

CHAPITRE XX
Le Décalogue.

1. Le Seigneur parla ensuite en ces termes :

2. Je suis le Seigneur votre Dieu, qui vous ai tirés de l'Égypte, de la maison de servitude.

3. Vous n'aurez point d'autre Dieu que moi.

4. Vous ne vous ferez point d'image taillée, ni aucune figure de ce qui est en haut dans le ciel et en bas sur la terre, ni de ce qui est dans les eaux sous la terre.

5. Vous ne les adorerez point, et vous ne leur rendrez point de culte. Je suis le Seigneur votre Dieu, fort et jaloux, qui venge l'iniquité des pères sur les enfants jusqu'à la troisième et à la quatrième génération dans tous ceux qui me haïssent,

6. Et qui fais miséricorde dans la suite de mille générations à ceux qui m'aiment et gardent mes commandements.

7. Vous ne prendrez point en vain le nom du Seigneur votre Dieu ; car le Seigneur ne tiendra pas pour innocent celui qui aura pris en vain le nom du Seigneur son Dieu.

avaient échappé à la grêle ; et il ne resta absolument rien de vert, ni sur les arbres ni dans les champs en Égypte.

16. C'est pourquoi Pharaon se hâta de faire venir Moïse et Aaron, et leur dit : J'ai péché contre le Seigneur votre Dieu et contre vous.

17. Mais pardonnez-moi ma faute encore cette fois, et priez le Seigneur votre Dieu, d'éloigner de moi cette mort.

18. Moïse, ayant quitté Pharaon, pria le Seigneur,

19. Qui fit souffler de l'occident un vent violent, qui enleva les sauterelles et les jeta dans la mer Rouge. Il n'en resta pas une seule dans toute l'Égypte.

20. Le Seigneur endurcit le cœur de Pharaon, et il ne laissa point aller les enfants d'Israël.

21. Le Seigneur dit donc à Moïse : Étendez votre main vers le ciel, et qu'il se forme sur l'Égypte des ténèbres si épaisses, qu'elles soient palpables.

22. Moïse étendit sa main vers le ciel, et des ténèbres horribles couvrirent toute l'Égypte pendant trois jours.

23. Nul ne vit son frère, ni ne se remua du lieu où il était ; mais la lumière brillait partout où habitaient les enfants d'Israël.

24. Alors Pharaon fit venir Moïse et Aaron, et leur dit : Allez, sacrifiez au Seigneur ; que vos brebis seulement et vos troupeaux restent ici, et que vos petits enfants aillent avec vous.

25. Moïse répondit : Vous nous donnerez aussi des victimes et des holocaustes, que nous offrirons au Seigneur notre Dieu.

26. Tous nos troupeaux marcheront avec nous ; il ne restera pas seulement une corne de leurs pieds, parce que nous en avons besoin pour le culte du Seigneur notre Dieu, d'autant plus que nous ignorons ce qui doit lui être immolé, jusqu'à ce que nous soyons arrivés au lieu marqué.

27. Mais le Seigneur endurcit le cœur de Pharaon, et il refusa de les laisser aller.

7 grandes colonnes
1 id coupée
4 id petites
6 culs de lampe
3 [illisible]

21

SAINT MATTHIEU.

9. Les sages leur répondirent : De peur que ce que nous en avons ne suffise pas pour vous et pour nous, allez plutôt à ceux qui en vendent, et achetez-en ce qu'il vous en faut.

10. Mais, pendant qu'elles allaient en acheter, l'époux arriva; et celles qui étaient prêtes entrèrent avec lui aux noces, et la porte fut fermée.

11. Enfin les autres vierges vinrent aussi, et lui dirent : Seigneur, Seigneur, ouvrez-nous.

12. Mais il leur répondit : Je vous le dis en vérité, je ne vous connais point.

13. Veillez donc, parce que vous ne savez ni le jour ni l'heure.

14. Car il agit comme un homme qui, devant faire un long voyage, appela ses serviteurs et leur mit son bien entre les mains.

15. Et ayant donné cinq talents à l'un, deux à un autre, et un à un autre, selon la capacité de chacun d'eux, il partit aussitôt.

16. Celui donc qui avait reçu cinq talents s'en alla, et les fit valoir, et il en gagna cinq autres.

17. Celui qui en avait reçu deux, en gagna de même encore deux autres.

18. Mais celui qui n'en avait reçu qu'un, alla faire un trou dans la terre, et y cacha l'argent de son maître.

19. Longtemps après, le maître de ces serviteurs étant venu, leur fit rendre compte.

20. Celui qui avait reçu cinq talents s'approchant, en présenta cinq autres, et dit : Seigneur, vous m'avez donné cinq talents, en voilà cinq autres que j'ai gagnés de plus.

21. Son maître lui répondit : Bien ! ô bon et fidèle serviteur; parce que vous avez été fidèle dans de petites choses, je vous établirai sur de beaucoup plus grandes : entrez dans la joie de votre seigneur.

22. Celui qui avait reçu deux talents s'approcha aussi, et dit : Seigneur, vous m'avez donné deux talents, en voici deux autres que j'ai gagnés.

23. Son maître lui répondit : Bien ! ô bon et fidèle serviteur, parce que vous avez été fidèle dans de petites choses, je vous établirai sur de beaucoup plus grandes : entrez dans la joie de votre seigneur.

24. Celui qui n'avait reçu qu'un talent, s'approchant ensuite, dit : Seigneur, je sais que vous êtes un homme dur, que vous moissonnez où vous n'avez point semé, et que vous recueillez où vous n'avez rien répandu.

25. C'est pourquoi, dans ma crainte, j'ai été cacher votre talent dans la terre : le voici, je vous rends ce qui vous appartient.

26. Mais son maître lui répondit : Serviteur méchant et paresseux, vous saviez que je moissonne où je n'ai point semé, et que je recueille où je n'ai rien répandu :

27. Vous deviez donc mettre mon argent entre les mains des banquiers, et, à mon retour, j'eusse retiré avec intérêt ce qui est à moi.

28. Qu'on lui ôte donc le talent qu'il a, et qu'on le donne à celui qui a dix talents.

29. Car on donnera à celui qui a déjà, et il sera dans l'abondance ; mais pour celui qui n'a rien, on lui ôtera même ce qu'il semble avoir.

30. Quant à ce serviteur inutile, qu'on le jette dans les ténèbres extérieures ; c'est là qu'il y aura des pleurs et des grincements de dents.

31. Or, quand le Fils de l'homme viendra dans sa majesté, accompagné de tous ses anges, il sera assis sur le trône de sa gloire.

32. Et toutes les nations seront rassemblées devant lui, et il séparera les uns d'avec les autres, comme un berger sépare les brebis d'avec les boucs;

33. Et il mettra les brebis à sa droite et les boucs à sa gauche.

34. Alors le roi dira à ceux qui seront à sa droite : Venez, les bénis de mon Père; possédez le royaume qui vous a été préparé dès le commencement du monde :

35. Car j'ai eu faim, et vous m'avez donné à manger; j'ai eu soif, et vous m'avez donné à boire; j'étais étranger, et vous m'avez recueilli;

36. J'ai été nu, et vous m'avez revêtu; j'ai été malade, et vous m'avez visité; j'ai été en prison, et vous êtes venus me voir.

37. Alors les justes lui répondront : Seigneur, quand est-ce que nous vous avons vu avoir faim, et que nous vous avons donné à manger? ou avoir soif, et que nous vous avons donné à boire?

38. Quand est-ce que nous vous avons vu étranger, et que nous vous avons recueilli? ou sans habits, et que nous vous avons revêtu?

39. Et quand est-ce que nous vous avons vu malade ou en prison, et que nous sommes venus vous visiter?

40. Et le roi leur répondra : Je vous le dis en vérité, autant de fois que vous l'avez fait à un des moindres de mes frères que voici, c'est à moi-même que vous l'avez fait.

41. Il dira ensuite à ceux qui seront à sa gauche : Allez loin de moi, maudits, au feu éternel, qui a été préparé pour le diable et pour ses anges:

42. Car j'ai eu faim, et vous ne m'avez pas donné à manger; j'ai eu soif, et vous ne m'avez pas donné à boire;

43. J'étais étranger, et vous ne m'avez point recueilli; j'ai été sans habits, et vous ne m'avez point revêtu; j'ai été malade et en prison, et vous ne m'avez point visité.

44. Alors ils lui répondront aussi : Seigneur, quand est-ce que nous vous avons vu avoir faim, ou avoir soif, ou être étranger, ou sans habits, ou malade, ou en prison, et que nous avons manqué de vous assister?

45. Mais il leur répondra : Je vous dis, en vérité, autant de fois que vous avez manqué de le faire à un de ces plus petits, vous avez manqué de le faire à moi-même.

46. Et ceux-ci iront dans le supplice éternel, et les justes dans la vie éternelle.

CHAPITRE XXVI

Conspiration des Juifs. Parfums répandus sur la tête de Jésus-Christ. Trahison de Judas. Dernière cène. Institution de l'Eucharistie. Renoncement de saint Pierre prédit. Prière de Jésus dans le jardin. Il est pris, conduit chez Caïphe, accusé, condamné, outragé. Renoncement et pénitence de saint Pierre.

1. Jésus ayant achevé tous ces discours, il dit à ses disciples :

2. Vous savez que la pâque se fera dans deux jours, et que le Fils de l'homme sera livré pour être crucifié.

3. En ce même temps les princes des prêtres et les anciens du peuple s'assemblèrent dans la salle du grand prêtre appelé Caïphe,

4. Et tinrent conseil ensemble pour se saisir de Jésus, par ruse, et le faire mourir.

5. Et ils disaient : Il ne faut pas que ce soit pendant la fête, de peur qu'il ne s'excite quelque tumulte parmi le peuple.

6. Or, comme Jésus était en Béthanie, dans la maison de Simon le lépreux,

7. Une femme vint à lui avec un vase d'albâtre plein d'un parfum de grand prix, qu'elle lui répandit sur la tête, lorsqu'il était à table.

---

6. *Simon le lépreux;* c'est-à-dire qui avait été lépreux.
15. *Trente pièces d'argent;* c'est-à-dire trente sicles, qui font environ
15. Chez les Hébreux, le talent valait environ 4,414 francs.
27. *Il fallait donc,* etc. Voy. page 468.
30. *Dans les ténèbres extérieures.* Compar. VIII, 12.
5. Les *phylactères* ou préservatifs étaient des bandes de parchemin qu'ils portaient au front et sur le bras, et sur lesquelles étaient écrites certaines paroles de la loi. Compar. *Exode*, XIII, 16; *Deutér.*, VI, 8; XI, 18. — Et des franges fort longues. Compar. *Matth.*, IX, 20.
9-10. Ce qui se dit dans ces deux versets veut dire que nous devons

mettre incomparablement notre Père céleste au-dessus de tout père selon la chair, et que nous ne devons suivre aucun maître qui nous détourne de Jésus-Christ. Mais cela ne nous empêche pas d'avoir, conformément à la loi divine, tout le respect dû pour nos pères selon la chair, pour nos pères spirituels (*I Corinth.*, IV, 15) et pour nos maîtres et précepteurs.
15. *Fils de la géhenne;* c'est-à-dire de l'enfer; hébraïsme, pour digne de l'enfer. Ainsi le sens est : Vous rendez digne de l'enfer deux fois plus que vous. — *Géhenne.* Voy. V, 22.
27. Les Juifs, dans la crainte qu'on ne se souillât en touchant les tombeaux, les blanchissaient au dehors afin qu'on les distinguât.

9. Les sages leur répondirent : De peur que ce que nous en avons ne suffise pas pour vous et pour nous, allez plutôt à ceux qui en vendent, et achetez-en ce qu'il vous en faut.

10. Mais, pendant qu'elles allaient en acheter, l'époux arriva ; et celles qui étaient prêtes entrèrent avec lui aux noces, et la porte fut fermée.

11. Enfin les autres vierges vinrent aussi, et lui dirent : Seigneur, Seigneur, ouvrez-nous.

12. Mais il leur répondit : Je vous le dis en vérité, je ne vous connais point.

13. Veillez donc, parce que vous ne savez ni le jour ni l'heure.

14. Car il agit comme un homme qui, devant faire un long voyage, appela ses serviteurs et leur mit son bien entre les mains.

15. Et ayant donné cinq talents à l'un, deux à un autre, et un à un autre, selon la capacité de chacun d'eux, il partit aussitôt.

16. Celui donc qui avait reçu cinq talents s'en alla, et les fit valoir, et il en gagna cinq autres.

17. Celui qui en avait reçu deux, en gagna de même encore deux autres.

18. Mais celui qui n'en avait reçu qu'un, alla faire un trou dans la terre, et y cacha l'argent de son maître.

19. Longtemps après, le maître de ces serviteurs étant venu, leur fit rendre compte.

20. Celui qui avait reçu cinq talents s'approchant, en présenta cinq autres, et dit : Seigneur, vous m'avez donné cinq talents, en voilà cinq autres que j'ai gagnés de plus.

21. Son maître lui répondit : Bien ! ô bon et fidèle serviteur ; parce que vous avez été fidèle dans de petites choses, je vous établirai sur de beaucoup plus grandes : entrez dans la joie de votre seigneur.

22. Celui qui avait reçu deux talents s'approcha aussi, et dit : Seigneur, vous m'avez donné deux talents, en voici deux autres que j'ai gagnés.

23. Son maître lui répondit : Bien ! ô bon et fidèle serviteur ; parce que vous avez été fidèle dans de petites choses, je vous établirai sur de beaucoup plus grandes : entrez dans la joie de votre seigneur.

24. Celui qui n'avait reçu qu'un talent, s'approchant ensuite, dit : Seigneur, je sais que vous êtes un homme dur, que vous moissonnez où vous n'avez point semé, et que vous recueillez où vous n'avez rien répandu.

25. C'est pourquoi, dans ma crainte, j'ai été cacher votre talent dans la terre : le voici, je vous rends ce qui vous appartient.

26. Mais son maître lui répondit : Serviteur méchant et paresseux, vous saviez que je moissonne où je n'ai point semé, et que je recueille où je n'ai rien répandu ;

27. Vous deviez donc mettre mon argent entre les mains des banquiers, et, à mon retour, j'eusse retiré avec intérêt ce qui est à moi.

28. Qu'on lui ôte donc le talent qu'il a, et qu'on le donne à celui qui a dix talents.

29. Car on donnera à celui qui a déjà, et il sera dans l'abondance ; mais pour celui qui n'a rien, on lui ôtera même ce qu'il semble avoir.

30. Quant à ce serviteur inutile, qu'on le jette dans les ténèbres extérieures : c'est là qu'il y aura des pleurs et des grincements de dents.

31. Or, quand le Fils de l'homme viendra dans sa majesté, accompagné de tous ses anges, il sera assis sur le trône de sa gloire.

32. Et toutes les nations seront rassemblées devant lui, et il séparera les uns d'avec les autres, comme un berger sépare les brebis d'avec les boucs ;

33. Et il mettra les brebis à sa droite et les boucs à sa gauche.

34. Alors le roi dira à ceux qui seront à sa droite : Venez, les bénis de mon Père ; possédez le royaume qui vous a été préparé dès le commencement du monde :

35. Car j'ai eu faim, et vous m'avez donné à manger ; j'ai eu soif, et vous m'avez donné à boire ; j'étais étranger, et vous m'avez recueilli ;

36. J'ai été nu, et vous m'avez revêtu ; j'ai été malade, et vous m'avez visité ; j'ai été en prison, et vous êtes venus me voir.

37. Alors les justes lui répondront : Seigneur, quand est-ce que nous vous avons vu avoir faim, et que nous vous avons donné à manger ? ou avoir soif, et que nous vous avons donné à boire ?

38. Quand est-ce que nous vous avons vu étranger, et que nous vous avons recueilli ? ou sans habits, et que nous vous avons revêtu ?

39. Et quand est-ce que nous vous avons vu malade ou en prison, et que nous sommes venus vous visiter ?

40. Et le roi leur répondra : Je vous le dis en vérité, autant de fois que vous l'avez fait à un des moindres de mes frères que voici, c'est à moi-même que vous l'avez fait.

41. Il dira ensuite à ceux qui seront à sa gauche : Allez loin de moi, maudits, au feu éternel, qui a été préparé pour le diable et pour ses anges ;

42. Car j'ai eu faim, et vous ne m'avez pas donné à manger ; j'ai eu soif, et vous ne m'avez pas donné à boire ;

43. J'étais étranger, et vous ne m'avez point recueilli ; j'ai été sans habits, et vous ne m'avez point revêtu ; j'ai été malade et en prison, et vous ne m'avez point visité.

44. Alors ils lui répondront aussi : Seigneur, quand est-ce que nous vous avons vu avoir faim, ou avoir soif, ou être étranger, ou sans habits, ou malade, ou en prison, et que nous avons manqué de vous assister ?

45. Mais il leur répondra : Je vous dis, en vérité, autant de fois que vous avez manqué de le faire à un de ces plus petits, vous avez manqué de le faire à moi-même.

46. Et ceux-ci iront dans le supplice éternel, et les justes dans la vie éternelle.

CHAPITRE XXVI

Conspiration des Juifs. Parfums répandus sur la tête de Jésus-Christ. Trahison de Judas. Dernière cène. Institution de l'Eucharistie. Renoncement de saint Pierre prédit. Prière de Jésus dans le jardin. Il est pris, conduit chez Caïphe, accusé, condamné, outragé. Renoncement et pénitence de saint Pierre.

1. Jésus ayant achevé tous ces discours, il dit à ses disciples :

2. Vous savez que la pâque se fera dans deux jours, et que le Fils de l'homme sera livré pour être crucifié.

3. En ce même temps les princes des prêtres et les anciens du peuple s'assemblèrent dans la salle du grand prêtre appelé Caïphe,

4. Et tinrent conseil ensemble pour se saisir de Jésus, par ruse, et le faire mourir.

5. Et ils disaient : Il ne faut pas que ce soit pendant la fête, de peur qu'il ne s'excite quelque tumulte parmi le peuple.

6. Or, comme Jésus était en Béthanie, dans la maison de Simon le lépreux,

7. Une femme vint à lui avec un vase d'albâtre plein d'un parfum de grand prix, qu'elle lui répandit sur la tête, lorsqu'il était à table.

---

6. *Simon le lépreux* ; c'est-à-dire qui avait été lépreux.
15. *Trente pièces d'argent* ; c'est-à-dire trente sicles, qui font environ 15. Chez les Hébreux, le talent valait environ 4,414 francs.
27. *Il fallait donc*, etc. Voy. page 466.
30. *Dans les ténèbres extérieures*, Compar. vm, 12.
5. *Les phylactères* ou préservatifs étaient des bandes de parchemin qu'ils portaient sur le front et sur le bras, et sur lesquelles étaient écrites certaines paroles de la loi. Compar. *Exode*, XIII, 16 ; *Deutér.*, VI, 8 ; XI, 18. — *Et des franges fort longues*. Compar. *Matth.*, IX, 20.
9-10. Ce qui se lit dans ces deux versets veut dire que nous devons mettre incomparablement notre Père céleste au-dessus de tout père selon la chair, et que nous ne devons suivre aucun maître qui nous détourne de Jésus-Christ. Mais cela ne nous empêche pas d'avoir, conformément à la loi divine, tout le respect dû pour nos pères selon la chair, pour nos pères spirituels (*I Corinth.*, IV, 15) et pour nos maîtres et précepteurs.

15. *Fils de la géhenne* ; c'est-à-dire de l'enfer ; hébraïsme, pour digne de l'enfer. Ainsi le sens est : Vous le rendez digne de l'enfer deux fois plus que vous. — *Géhenne*. Voy. V, 22.

27. *Les Juifs*, dans la crainte qu'on ne se souillât en touchant les tombeaux, les blanchissaient au dehors afin qu'on les distinguât.

9. Les sages leur répondirent : De peur que ce que nous en avons ne suffise pas pour vous et pour nous, allez plutôt à ceux qui en vendent, et achetez-en ce qu'il vous en faut.

10. Mais, pendant qu'elles allaient en acheter, l'époux arriva; et celles qui étaient prêtes entrèrent avec lui aux noces, et la porte fut fermée.

11. Enfin les autres vierges vinrent aussi, et lui dirent : Seigneur, Seigneur, ouvrez-nous.

12. Mais il leur répondit : Je vous le dis en vérité, je ne vous connais point.

13. Veillez donc, parce que vous ne savez ni le jour ni l'heure.

14. Car il agit comme un homme qui, devant faire un long voyage, appela ses serviteurs et leur mit son bien entre les mains.

15. Et ayant donné cinq talents à l'un, deux à un autre, et un à un autre, selon la capacité de chacun d'eux, il partit aussitôt.

16. Celui donc qui avait reçu cinq talents s'en alla, et les fit valoir, et il en gagna cinq autres.

17. Celui qui en avait reçu deux, en gagna de même encore deux autres.

18. Mais celui qui n'en avait reçu qu'un, alla faire un trou dans la terre, et y cacha l'argent de son maître.

19. Longtemps après, le maître de ces serviteurs étant venu, leur fit rendre compte.

20. Celui qui avait reçu cinq talents s'approchant, en présenta cinq autres, et dit : Seigneur, vous m'avez donné cinq talents, en voilà cinq autres que j'ai gagnés de plus.

21. Son maître lui répondit : Bien! ô bon et fidèle serviteur; parce que vous avez été fidèle dans de petites choses, je vous établirai sur de beaucoup plus grandes : entrez dans la joie de votre seigneur.

22. Celui qui avait reçu deux talents s'approcha aussi, et dit : Seigneur, vous m'avez donné deux talents, en voici deux autres que j'ai gagnés.

23. Son maître lui répondit : Bien! ô bon et fidèle serviteur; parce que vous avez été fidèle dans de petites choses, je vous établirai sur de beaucoup plus grandes : entrez dans la joie de votre seigneur.

24. Celui qui n'avait reçu qu'un talent, s'approchant ensuite, dit : Seigneur, je sais que vous êtes un homme dur, que vous moissonnez où vous n'avez point semé, et que vous recueillez où vous n'avez rien répandu.

25. C'est pourquoi, dans ma crainte, j'ai été cacher votre talent dans la terre : le voici, je vous rends ce qui vous appartient.

26. Mais son maître lui répondit : Serviteur méchant et paresseux, vous saviez que je moissonne où je n'ai point semé, et que je recueille où je n'ai rien répandu :

27. Vous deviez donc mettre mon argent entre les mains des banquiers, et, à mon retour, j'eusse retiré avec intérêt ce qui est à moi.

28. Qu'on lui ôte donc le talent qu'il a, et qu'on le donne à celui qui a dix talents.

29. Car on donnera à celui qui a déjà, et il sera dans l'abondance; mais pour celui qui n'a rien, on lui ôtera même ce qu'il semble avoir.

30. Quant à ce serviteur inutile, qu'on le jette dans les ténèbres extérieures : c'est là qu'il y aura des pleurs et des grincements de dents.

31. Or, quand le Fils de l'homme viendra dans sa majesté, accompagné de tous ses anges, il sera assis sur le trône de sa gloire.

32. Et toutes les nations seront rassemblées devant lui, et il séparera les uns d'avec les autres, comme un berger sépare les brebis d'avec les boucs;

33. Et il mettra les brebis à sa droite et les boucs à sa gauche.

34. Alors le roi dira à ceux qui seront à sa droite : Venez, les bénis de mon Père; possédez le royaume qui vous a été préparé dès le commencement du monde :

35. Car j'ai eu faim, et vous m'avez donné à manger; j'ai eu soif, et vous m'avez donné à boire; j'étais étranger, et vous m'avez recueilli;

36. J'ai été nu, et vous m'avez revêtu; j'ai été malade, et vous m'avez visité; j'ai été en prison, et vous êtes venus me voir.

37. Alors les justes lui répondront : Seigneur, quand est-ce que nous vous avons vu avoir faim, et que nous vous avons donné à manger? ou avoir soif, et que nous vous avons donné à boire?

38. Quand est-ce que nous vous avons vu étranger, et que nous vous avons recueilli? ou sans habits, et que nous vous avons revêtu?

39. Et quand est-ce que nous vous avons vu malade ou en prison, et que nous sommes venus vous visiter?

40. Et le roi leur répondra : Je vous le dis en vérité, autant de fois que vous l'avez fait à un des moindres de mes frères que voici, c'est à moi-même que vous l'avez fait.

41. Il dira ensuite à ceux qui seront à sa gauche : Allez loin de moi, maudits, au feu éternel, qui a été préparé pour le diable et pour ses anges;

42. Car j'ai eu faim, et vous ne m'avez pas donné à manger; j'ai eu soif, et vous ne m'avez pas donné à boire;

43. J'étais étranger, et vous ne m'avez point recueilli; j'ai été sans habits, et vous ne m'avez point revêtu; j'ai été malade et en prison, et vous ne m'avez point visité.

44. Alors ils lui répondront aussi : Seigneur, quand est-ce que nous vous avons vu avoir faim, ou avoir soif, ou être étranger, ou sans habits, ou malade, ou en prison, et que nous avons manqué de vous assister?

45. Mais il leur répondra : Je vous dis, en vérité, autant de fois que vous avez manqué de le faire à un de ces plus petits, vous avez manqué de le faire à moi-même.

46. Et ceux-ci iront dans le supplice éternel, et les justes dans la vie éternelle.

CHAPITRE XXVI

Conspiration des Juifs. Parfums répandus sur la tête de Jésus-Christ Trahison de Judas. Dernière cène. Institution de l'Eucharistie. Renoncement de saint Pierre prédit. Prière de Jésus dans le jardin. Il est pris; conduit chez Caïphe, accusé, condamné, outragé. Renoncement et pénitence de saint Pierre.

1. Jésus ayant achevé tous ces discours, il dit à ses disciples :

2. Vous savez que la pâque se fera dans deux jours, et que le Fils de l'homme sera livré pour être crucifié.

3. En ce même temps les princes des prêtres et les anciens du peuple s'assemblèrent dans la salle du grand prêtre appelé Caïphe,

4. Et tinrent conseil ensemble pour se saisir de Jésus, par ruse, et le faire mourir.

5. Et ils disaient : Il ne faut pas que ce soit pendant la fête, de peur qu'il ne s'excite quelque tumulte parmi le peuple.

6. Or, comme Jésus était en Béthanie, dans la maison de Simon le lépreux,

7. Une femme vint à lui avec un vase d'albâtre plein d'un parfum de grand prix, qu'elle lui répandit sur la tête, lorsqu'il était à table.

---

6. *Simon le lépreux;* c'est-à-dire qui avait été lépreux.
15. *Trente pièces d'argent;* c'est-à-dire trente sicles, qui font environ
15. Chez les Hébreux, le talent valait environ 4,414 francs.
27. *Il fallait donc,* etc. Voy. page 466.
30. *Dans les ténèbres extérieures.* Compar. VIII, 12.
5. Les *phylactères* ou préservatifs étaient des bandes de parchemin qu'ils portaient sur le front et sur le bras, et sur lesquelles étaient écrites certaines paroles de la loi. Compar. *Exode,* XIII, 16; *Deutér.* VI, 8; XI, 18.
— *Et des franges fort longues.* Compar. *Matth.,* IX, 20.
9-10. Ce qui se lit dans ces deux versets veut dire que nous devons mettre incomparablement notre Père céleste au-dessus de tout père selon la chair, et que nous ne devons suivre aucun maître qui nous détourne de Jésus-Christ. Mais cela ne nous empêche pas d'avoir, conformément à la loi divine, tout le respect dû pour nos pères selon la chair, pour nos pères spirituels (*I Corinth.,* IV, 15) et pour nos maîtres et précepteurs.
15. *Fils de la géhenne;* c'est-à-dire de l'enfer; hébraïsme, pour digne de l'enfer. Ainsi le sens est : Vous le rendez digne de l'enfer deux fois plus que vous. — *Géhenne.* Voy. V, 22.
27. Les Juifs, dans la crainte qu'on ne se souillât en touchant les tombeaux, les blanchissaient au dehors afin qu'on les distinguât.

9. Les sages leur répondirent : De peur que ce que nous en avons ne suffise pas pour vous et pour nous, allez plutôt à ceux qui en vendent, et achetez-en ce qu'il vous en faut.

10. Mais, pendant qu'elles allaient en acheter, l'époux arriva ; et celles qui étaient prêtes entrèrent avec lui aux noces, et la porte fut fermée.

11. Enfin les autres vierges vinrent aussi, et lui dirent : Seigneur, Seigneur, ouvrez-nous.

12. Mais il leur répondit : Je vous le dis en vérité, je ne vous connais point.

13. Veillez donc, parce que vous ne savez ni le jour ni l'heure.

14. Car il agit comme un homme qui, devant faire un long voyage, appela ses serviteurs et leur mit son bien entre les mains.

15. Et ayant donné cinq talents à l'un, deux à un autre, et un à un autre, selon la capacité de chacun d'eux, il partit aussitôt.

16. Celui donc qui avait reçu cinq talents s'en alla, et les fit valoir, et en gagna cinq autres.

17. Celui qui en avait reçu deux, en gagna de même encore deux autres.

18. Mais celui qui n'en avait reçu qu'un, alla faire un trou dans la terre, et y cacha l'argent de son maître.

19. Longtemps après, le maître de ces serviteurs étant venu, leur fit rendre compte.

20. Celui qui avait reçu cinq talents s'approchant, en présenta cinq autres, et dit : Seigneur, vous m'avez donné cinq talents, en voilà cinq autres que j'ai gagnés de plus.

21. Son maître lui répondit : Bien ! ô bon et fidèle serviteur ; parce que vous avez été fidèle dans de petites choses, je vous établirai sur de beaucoup plus grandes : entrez dans la joie de votre seigneur.

22. Celui qui avait reçu deux talents s'approcha aussi, et dit : Seigneur, vous m'avez donné deux talents, en voici deux autres que j'ai gagnés.

23. Son maître lui répondit : Bien ! ô bon et fidèle serviteur ; parce que vous avez été fidèle dans de petites choses, je vous établirai sur de beaucoup plus grandes : entrez dans la joie de votre seigneur.

24. Celui qui n'avait reçu qu'un talent, s'approchant ensuite, dit : Seigneur, je sais que vous êtes un homme dur, que vous moissonnez où vous n'avez point semé, et que vous recueillez où vous n'avez rien répandu.

25. C'est pourquoi, dans ma crainte, j'ai été cacher votre talent dans la terre : le voici, je vous rends ce qui vous appartient.

26. Mais son maître lui répondit : Serviteur méchant et paresseux, vous saviez que je moissonne où je n'ai point semé, et que je recueille où je n'ai rien répandu :

27. Vous deviez donc mettre mon argent entre les mains des banquiers, et, à mon retour, j'eusse retiré avec intérêt ce qui est à moi.

28. Qu'on lui ôte donc le talent qu'il a, et qu'on le donne à celui qui a dix talents.

29. Car on donnera à celui qui a déjà, et il sera dans l'abondance ; mais pour celui qui n'a rien, on lui ôtera même ce qu'il semble avoir.

30. Quant à ce serviteur inutile, qu'on le jette dans les ténèbres extérieures : c'est là qu'il y aura des pleurs et des grincements de dents.

31. Or, quand le Fils de l'homme viendra dans sa majesté, accompagné de tous ses anges, il sera assis sur le trône de sa gloire.

32. Et toutes les nations seront rassemblées devant lui, et il séparera les uns d'avec les autres, comme un berger sépare les brebis d'avec les boucs ;

33. Et il mettra les brebis à sa droite et les boucs à sa gauche.

34. Alors le roi dira à ceux qui seront à sa droite : Venez, les bénis de mon Père ; possédez le royaume qui vous a été préparé dès le commencement du monde :

35. Car j'ai eu faim, et vous m'avez donné à manger ; j'ai eu soif, et vous m'avez donné à boire ; j'étais étranger, et vous m'avez recueilli ;

36. J'ai été nu, et vous m'avez revêtu ; j'ai été malade, et vous m'avez visité ; j'ai été en prison, et vous êtes venus me voir.

37. Alors les justes lui répondront : Seigneur, quand est-ce que nous vous avons vu avoir faim, et que nous vous avons donné à manger ? ou avoir soif, et que nous vous avons donné à boire ?

38. Quand est-ce que nous vous avons vu étranger, et que nous vous avons recueilli ? ou sans habits, et que nous vous avons revêtu ?

39. Et quand est-ce que nous vous avons vu malade ou en prison, et que nous sommes venus vous visiter ?

40. Et le roi leur répondra : Je vous le dis en vérité, autant de fois que vous l'avez fait à un des moindres de mes frères que voici, c'est à moi-même que vous l'avez fait.

41. Il dira ensuite à ceux qui seront à sa gauche : Allez loin de moi, maudits, au feu éternel, qui a été préparé pour le diable et pour ses anges ;

42. Car j'ai eu faim, et vous ne m'avez pas donné à manger ; j'ai eu soif, et vous ne m'avez pas donné à boire ;

43. J'étais étranger, et vous ne m'avez point recueilli ; j'ai été sans habits, et vous ne m'avez point revêtu ; j'ai été malade et en prison, et vous ne m'avez point visité.

44. Alors ils lui répondront aussi : Seigneur, quand est-ce que nous vous avons vu avoir faim, ou avoir soif, ou être étranger, ou sans habits, ou malade, ou en prison, et que nous avons manqué de vous assister ?

45. Mais il leur répondra : Je vous dis, en vérité, autant de fois que vous avez manqué de le faire à un de ces plus petits, vous avez manqué de le faire à moi-même.

46. Et ceux-ci iront dans le supplice éternel, et les justes dans la vie éternelle.

CHAPITRE XXVI

Conspiration des Juifs. Parfums répandus sur la tête de Jésus-Christ. Trahison de Judas. Dernière cène. Institution de l'Eucharistie. Renoncement de saint Pierre prédit. Prière de Jésus dans le jardin. Il est pris, conduit chez Caïphe, accusé, condamné, outragé. Renoncement et pénitence de saint Pierre.

1. Jésus ayant achevé tous ces discours, il dit à ses disciples :

2. Vous savez que la pâque se fera dans deux jours, et que le Fils de l'homme sera livré pour être crucifié.

3. En ce même temps les princes des prêtres et les anciens du peuple s'assemblèrent dans la salle du grand prêtre appelé Caïphe,

4. Et tinrent conseil ensemble pour se saisir de Jésus, par ruse, et le faire mourir.

5. Et ils disaient : Il ne faut pas que ce soit pendant la fête, de peur qu'il ne s'excite quelque tumulte parmi le peuple.

6. Or, comme Jésus était en Béthanie, dans la maison de Simon le lépreux,

7. Une femme vint à lui avec un vase d'albâtre plein d'un parfum de grand prix, qu'elle lui répandit sur la tête, lorsqu'il était à table.

6. *Simon le lépreux* ; c'est-à-dire qui avait été lépreux.
15. *Trente pièces d'argent* ; c'est-à-dire trente sicles, qui font environ
15. Chez les Hébreux, le talent valait environ 4,414 francs.
27. *Il fallait donc*, etc. Voy. page 466.
30. *Dans les ténèbres extérieures*. Compar. viii, 12.
5 — *Les phylactères* ou préservatifs étaient des bandes de parchemin qu'ils portaient sur le front et sur le bras, et sur lesquelles étaient écrites certaines paroles de la loi. Compar. *Exode*, xiii, 16 ; *Deuter.*, vi, 8 ; xi, 18. — *Et des franges fort longues.* Compar. *Matth.*, ix, 20.
9-10. Ce qui se lit dans ces deux versets veut dire que nous devons mettre incomparablement notre Père céleste au-dessus de tout père selon la chair, et que nous devons suivre aucun maître qui nous détourne de Jésus-Christ. Mais cela ne nous empêche pas d'avoir, conformément à la loi divine, tout le respect dû pour nos pères selon la chair, pour nos pères spirituels (*I Corinth.*, iv, 15) et pour nos maîtres et précepteurs.

15. *Fils de la géhenne* ; c'est-à-dire de l'enfer ; hébraïsme, pour digne de l'enfer. Ainsi le sens est : Vous le rendez digne de l'enfer deux fois plus que vous. — *Gehenna.* Voy. v, 22.

27. Les Juifs, dans la crainte qu'on ne se souillât en touchant les tombeaux, les blanchissaient au dehors afin qu'on les distinguât.

LA GENÈSE

La Genèse est le premier livre du Pentateuque,
qui en comprend quatre autres :
l'Exode, le Lévitique, les Nombres et le Deutéronome.
Moïse les écrivit sous l'inspiration de l'Esprit-Saint, étant dans le désert avec le peuple d'Israël.
La Genèse contient le récit de la création du monde et l'histoire des patriarches
jusqu'à la mort de Joseph.

21. Dieu lui dit : Descendez et avertissez le peuple, de peur qu'il ne passe les limites pour voir le Seigneur, et qu'une grande multitude ne périsse.
22. Que les prêtres [1] aussi qui s'approchent du Seigneur se sanctifient, de peur qu'il ne les frappe.
23. Moïse répondit au Seigneur : Le peuple ne pourra monter sur la montagne de Sinaï, parce que vous avez fait vous-même ce commandement, en me disant : Mettez des limites autour de la montagne, et sanctifiez le peuple.
24. Le Seigneur reprit : Allez, descendez. Vous monterez ensuite, et Aaron avec vous. Mais que les prêtres et le peuple ne passent point les limites, et qu'ils ne montent pas vers le Seigneur, de peur qu'il ne les fasse mourir.
25. Moïse descendit vers le peuple, et lui rapporta tout.

CHAPITRE XX

Le Décalogue.

1. Le Seigneur parla ensuite en ces termes :
2. Je suis le Seigneur votre Dieu, qui vous ai tirés de l'Égypte, de la maison de servitude.
3. Vous n'aurez point d'autre Dieu que moi.
4. Vous ne vous ferez point d'image taillée, ni aucune figure de ce qui est en haut dans le ciel et en bas sur la terre, ni de ce qui est dans les eaux sous la terre [2].
5. Vous ne les adorerez point, et vous ne leur rendrez point de culte [3]. Je suis le Seigneur votre Dieu, fort et jaloux, qui venge l'iniquité des pères sur les enfants jusqu'à la troisième et à la quatrième génération dans tous ceux qui me haïssent,
6. Et qui fais miséricorde dans la suite de mille générations à ceux qui m'aiment et gardent mes commandements.
7. Vous ne prendrez point en vain le nom du Seigneur votre Dieu ; car le Seigneur ne tiendra pas pour innocent celui qui aura pris en vain le nom du Seigneur son Dieu.
8. Souvenez-vous de sanctifier le jour du sabbat.
9. Vous travaillerez six jours, et vous ferez tout ce que vous aurez à faire.
10. Mais le septième jour est le sabbat du Seigneur votre Dieu. En ce jour vous ne ferez aucun ouvrage, ni vous, ni votre fils, ni votre fille, ni votre serviteur, ni votre servante, ni vos bêtes de service, ni l'étranger qui sera dans l'enceinte

avaient échappé à la grêle ; et il ne resta absolument rien de vert, ni sur les arbres ni dans les champs en Égypte.
16. C'est pourquoi Pharaon se hâta de faire venir Moïse et Aaron, et leur dit : J'ai péché contre le Seigneur votre Dieu et contre vous.
17. Mais pardonnez-moi ma faute encore cette fois, et priez le Seigneur votre Dieu, d'éloigner de moi cette mort [1].
18. Moïse, ayant quitté Pharaon, pria le Seigneur,
19. Qui fit souffler de l'occident un vent violent, qui enleva les sauterelles et les jeta dans la mer Rouge. Il n'en resta pas une seule dans toute l'Égypte.
20. Le Seigneur endurcit le cœur de Pharaon, et il ne laissa point aller les enfants d'Israël.
21. Le Seigneur dit donc à Moïse : Étendez votre main vers le ciel, et qu'il se forme sur l'Égypte des ténèbres si épaisses, qu'elles soient palpables [2].
22. Moïse étendit sa main vers le ciel, et des ténèbres horribles couvrirent toute l'Égypte pendant trois jours.
23. Nul ne vit son frère, ni ne se remua du lieu où il était ; mais la lumière brillait partout où habitaient les enfants d'Israël.
24. Alors Pharaon fit venir Moïse et Aaron, et leur dit : Allez, sacrifiez au Seigneur ; que vos brebis seulement et vos troupeaux restent ici, et que vos petits enfants aillent avec vous.
25. Moïse répondit : Vous nous donnerez aussi des victimes et des holocaustes, que nous offrirons au Seigneur notre Dieu.
26. Tous nos troupeaux marcheront avec nous ; il ne restera pas seulement une corne de leurs pieds, parce que nous en avons besoin pour le culte du Seigneur notre Dieu, d'autant plus que nous ignorons ce qui doit lui être immolé, jusqu'à ce que nous soyons arrivés au lieu marqué.
27. Mais le Seigneur endurcit le cœur de Pharaon, et il refusa de les laisser aller.
28. Pharaon dit à Moïse : Retirez-vous, et gardez-vous bien de paraître jamais devant moi ; car le jour où vous vous présenterez à moi, vous mourrez.
29. Moïse lui répondit : Il sera fait comme vous avez dit ; je ne verrai plus jamais votre visage.
1. Le Seigneur dit à Moïse : Je ne frapperai plus Pharaon et l'Égypte que d'une seule plaie, et après cela il vous lais

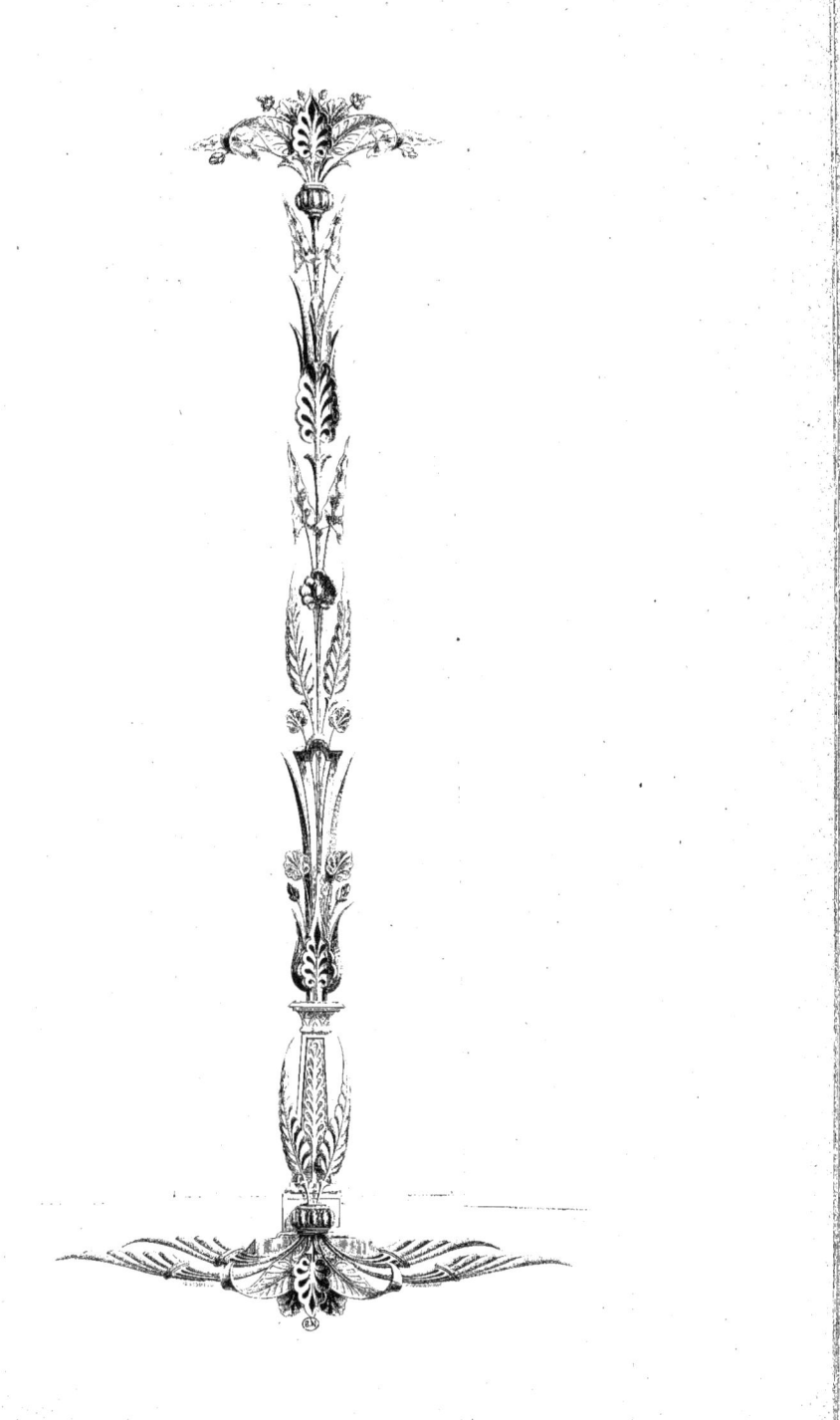

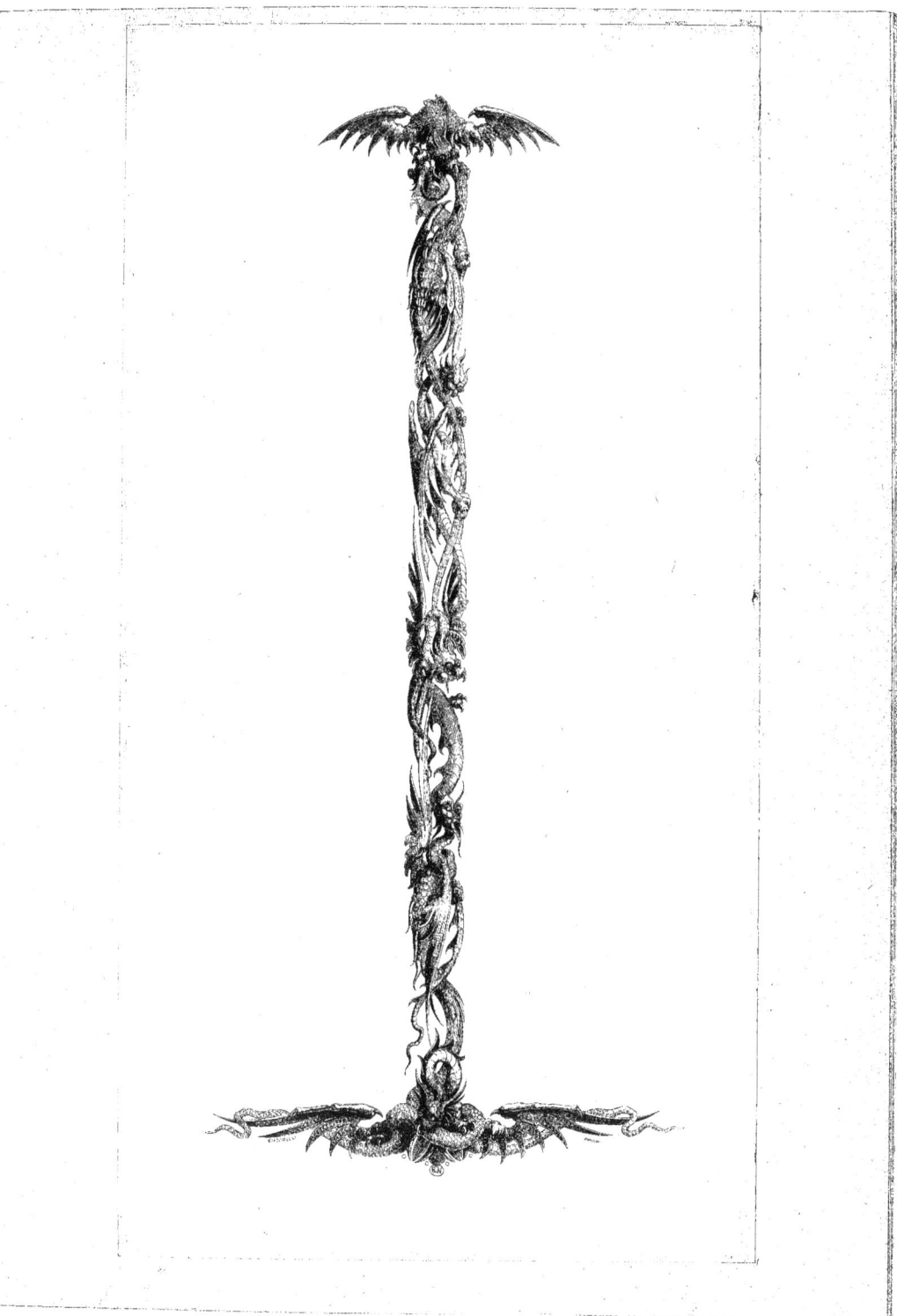

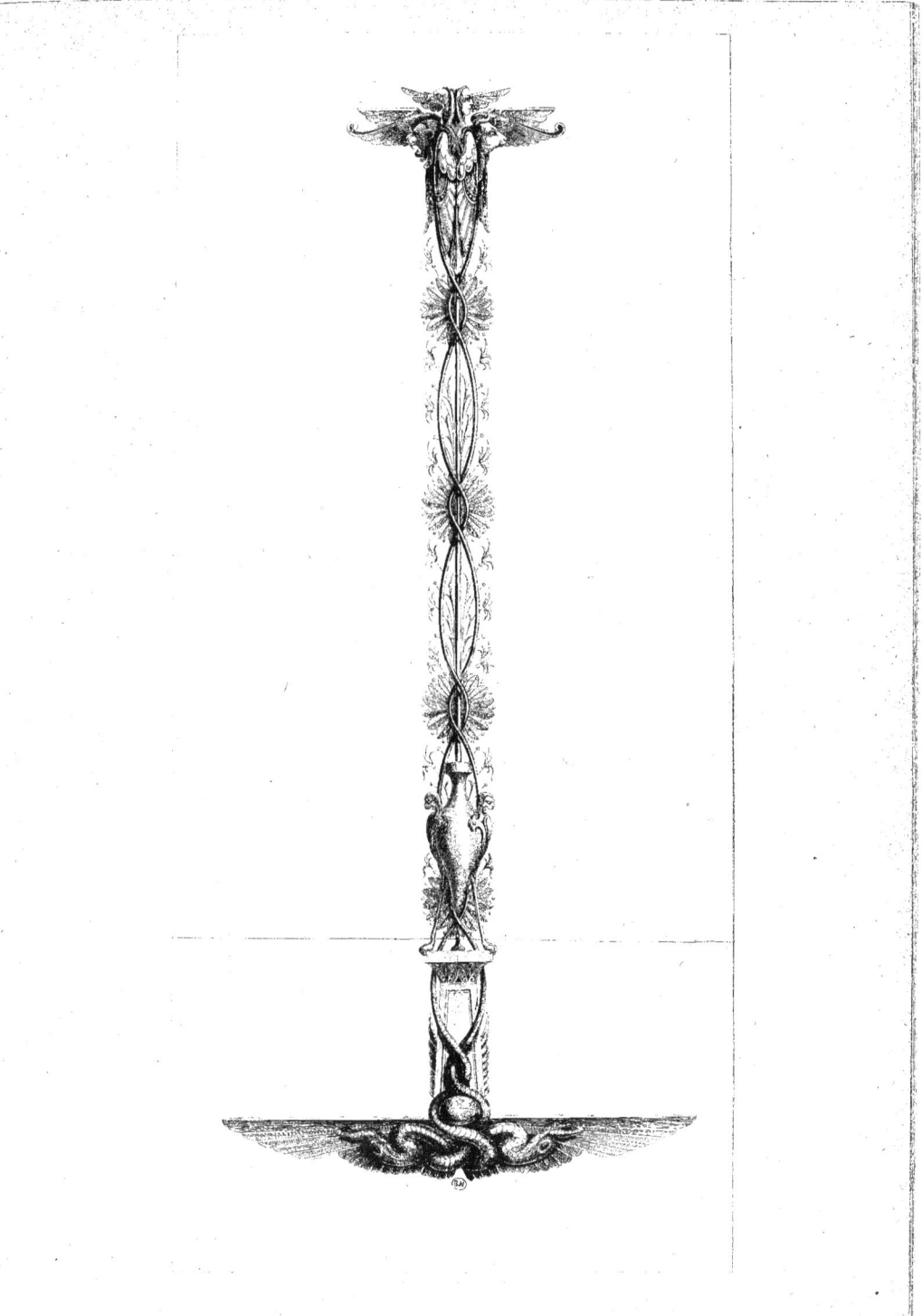

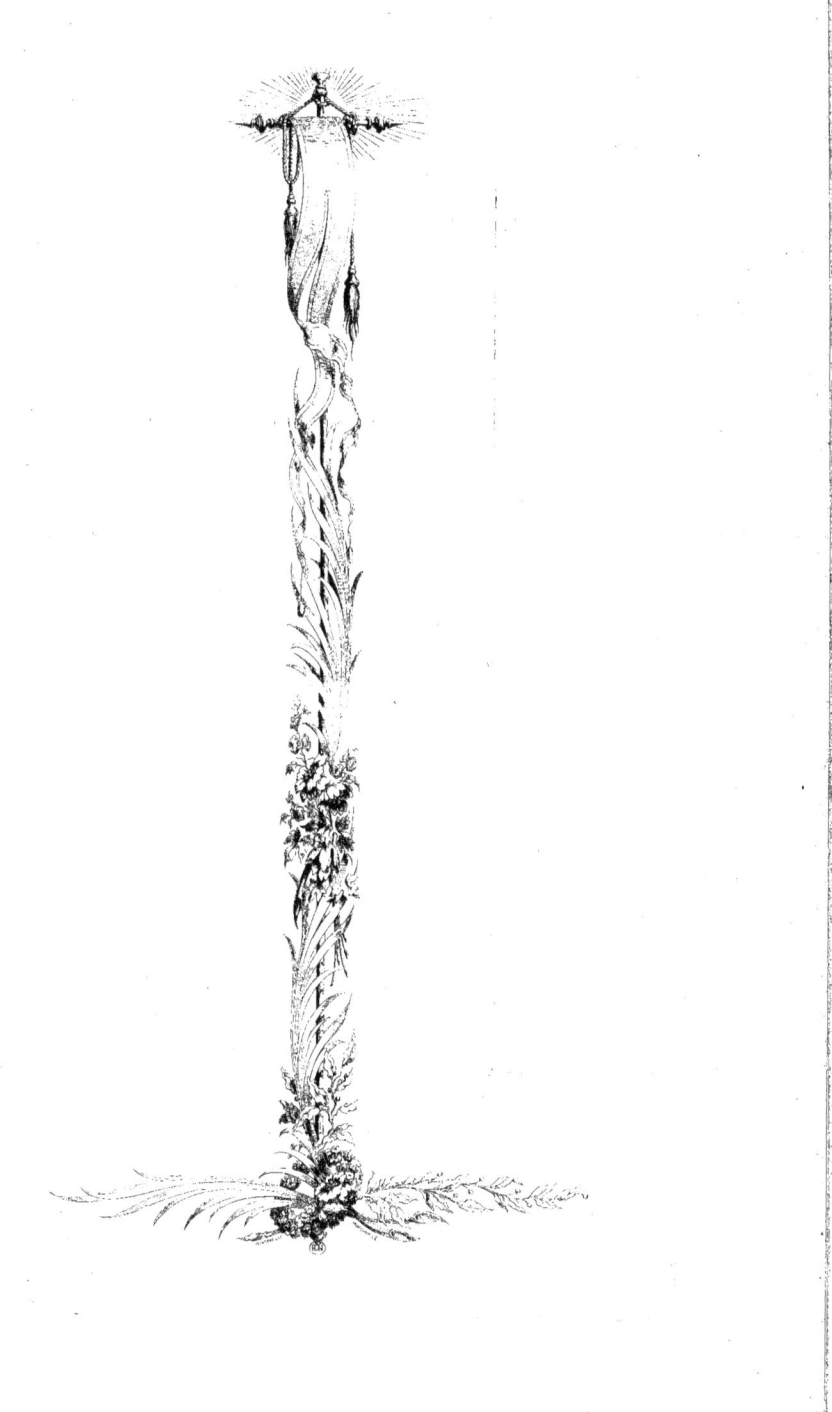

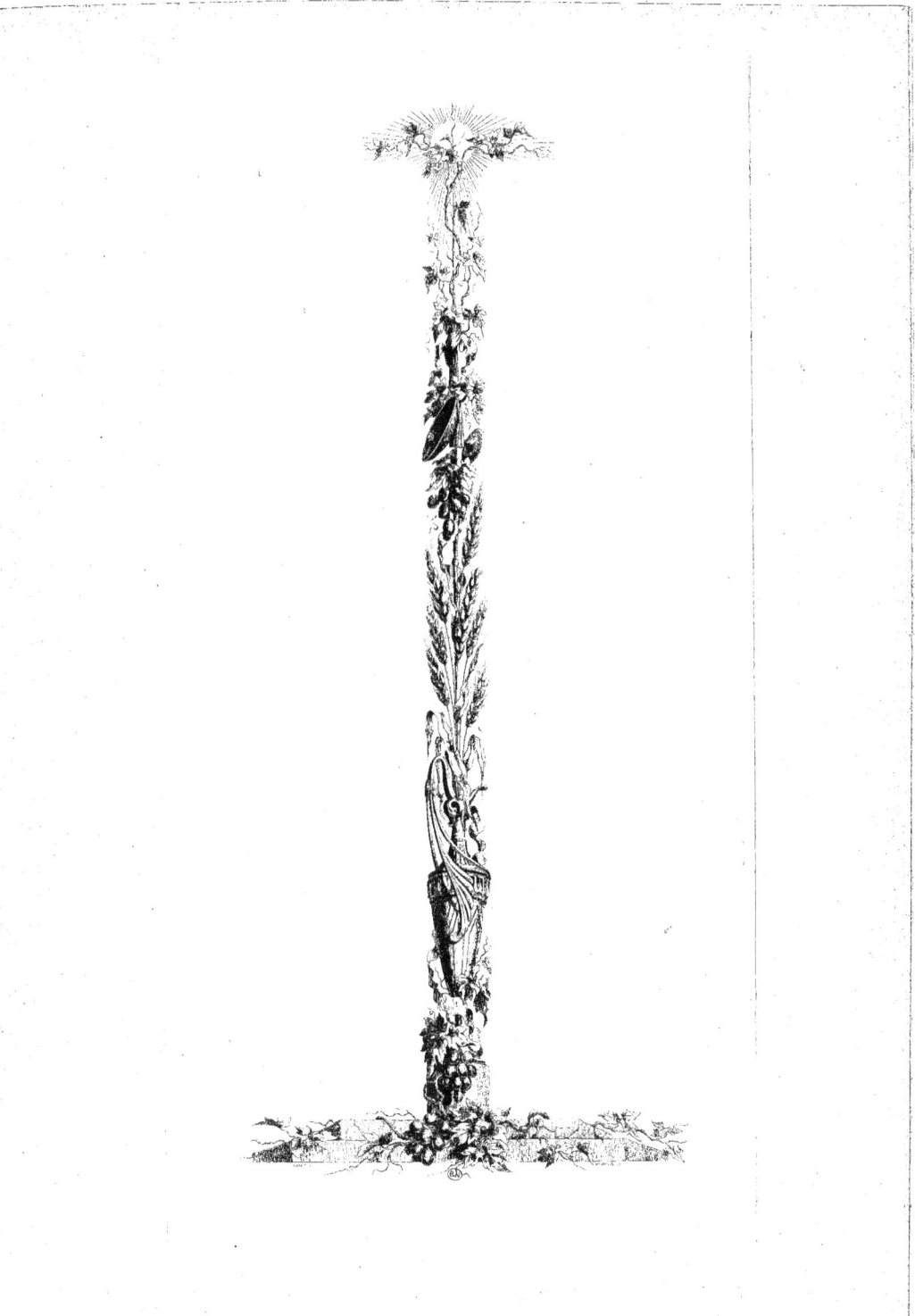

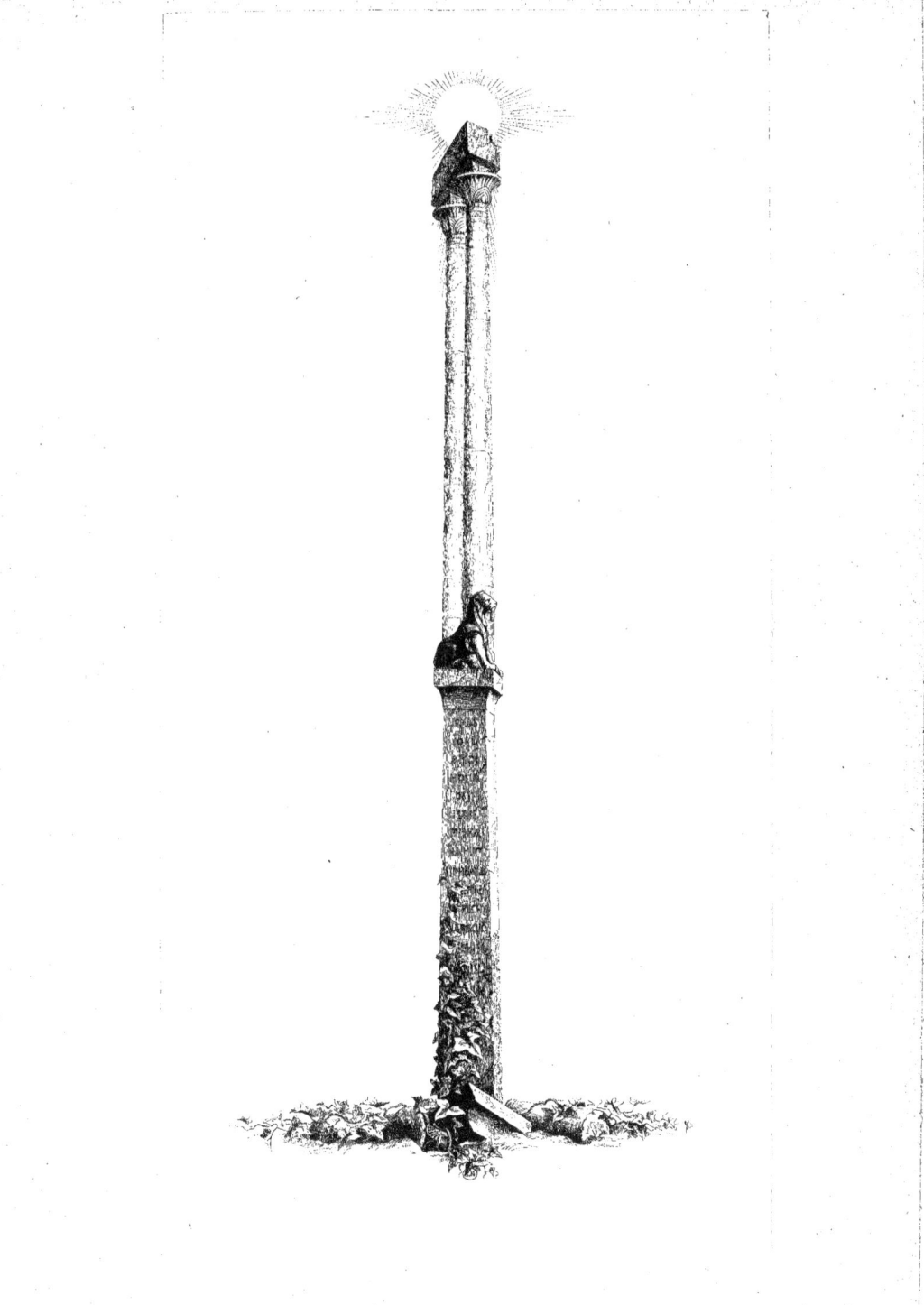

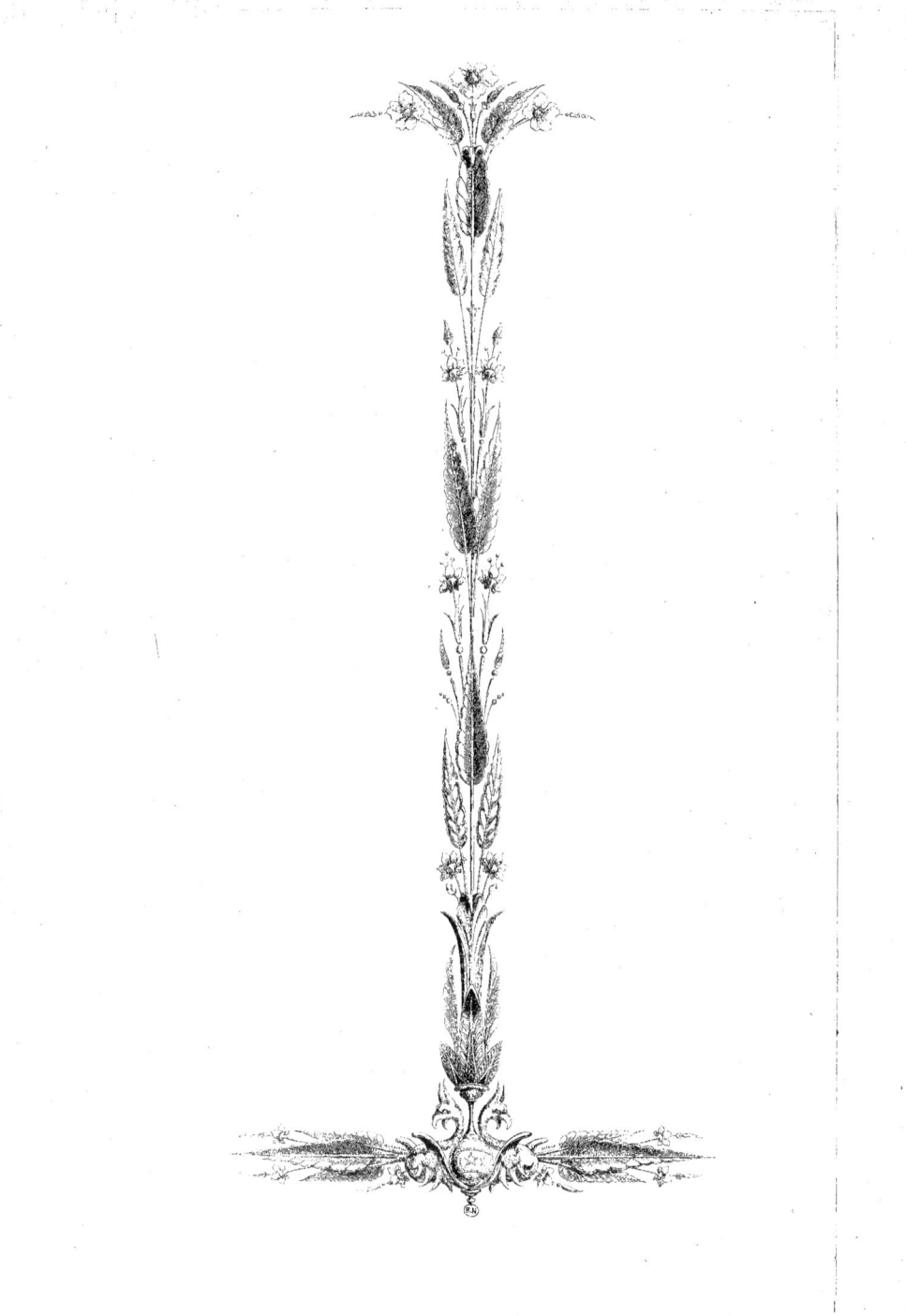

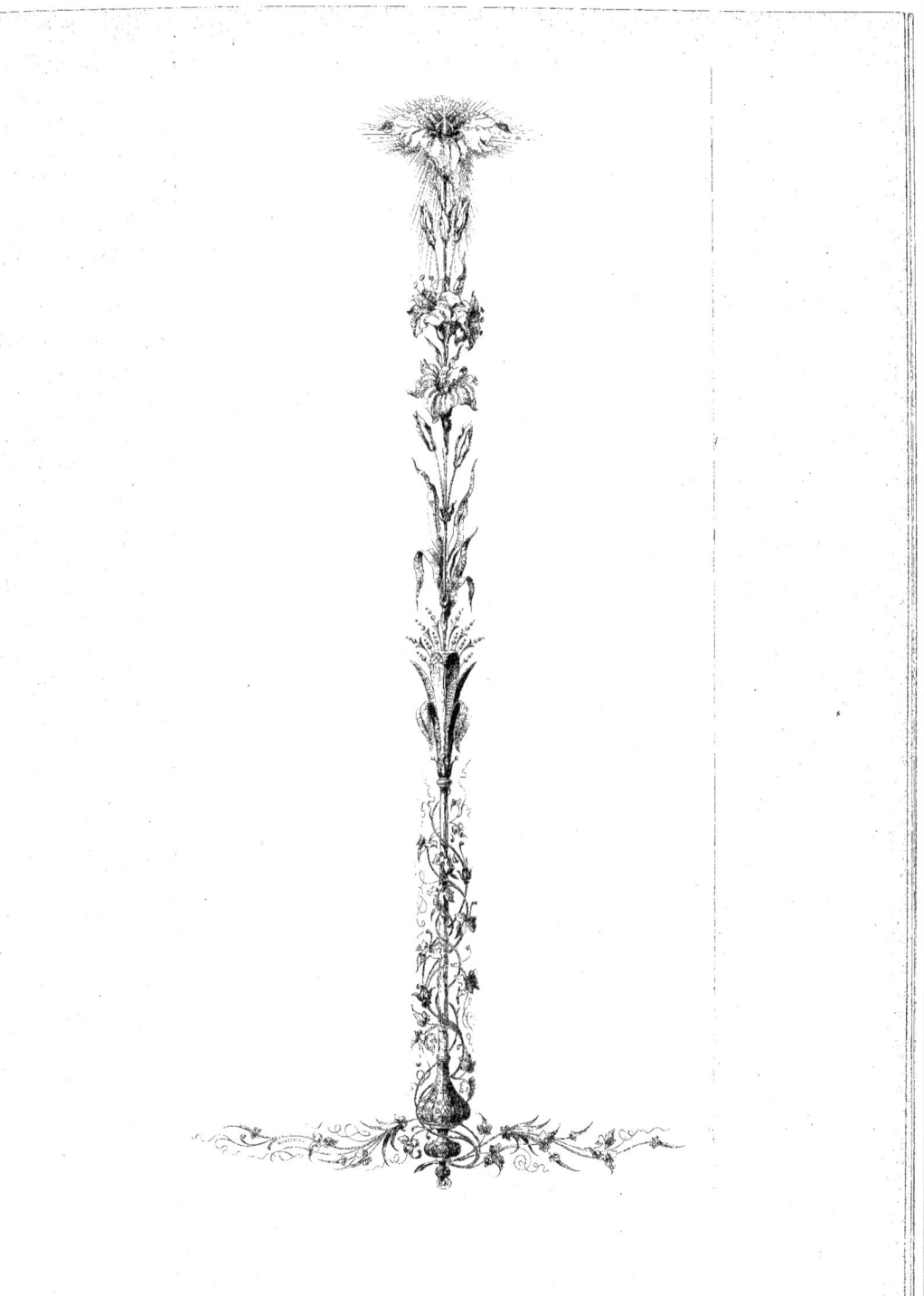

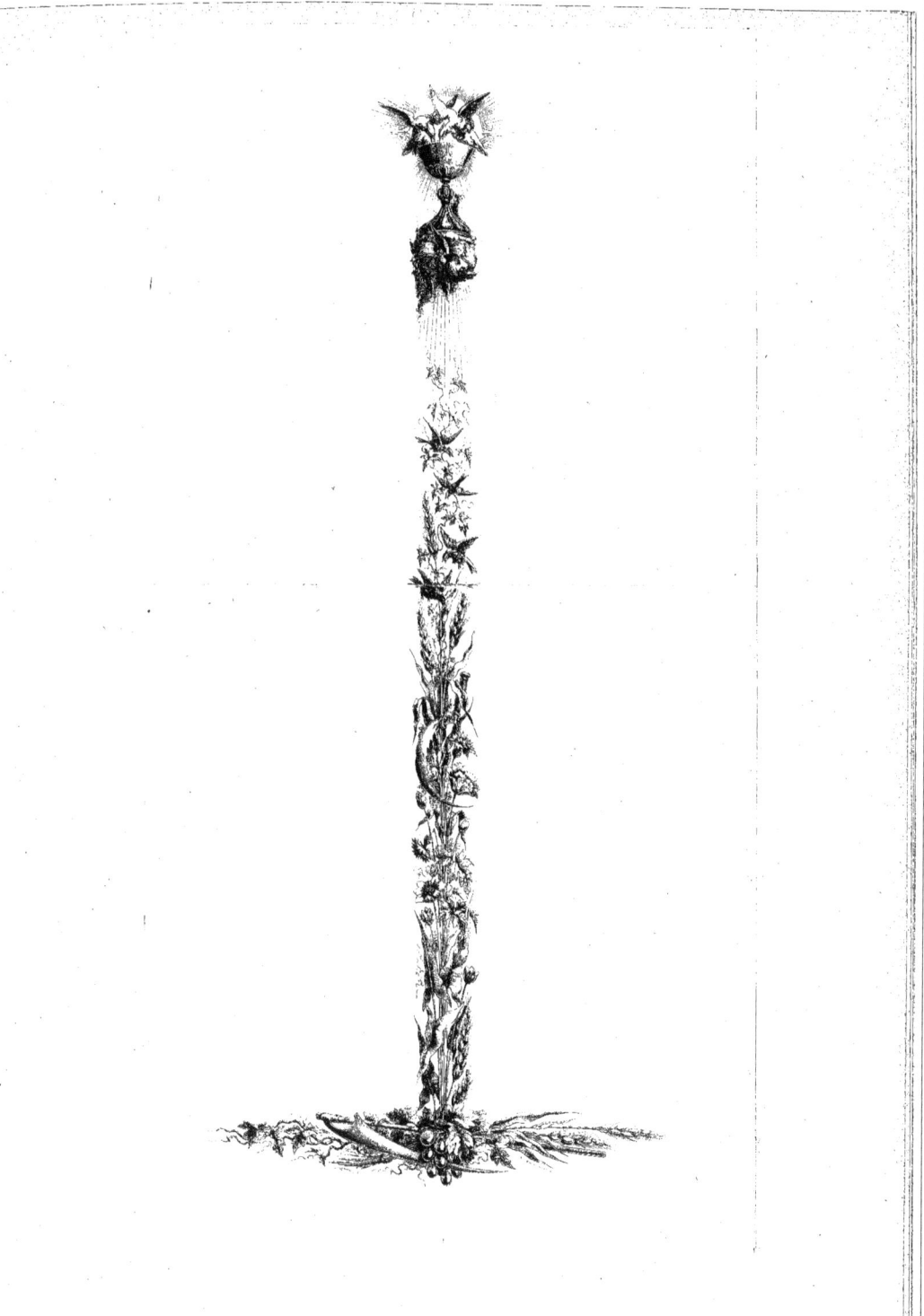

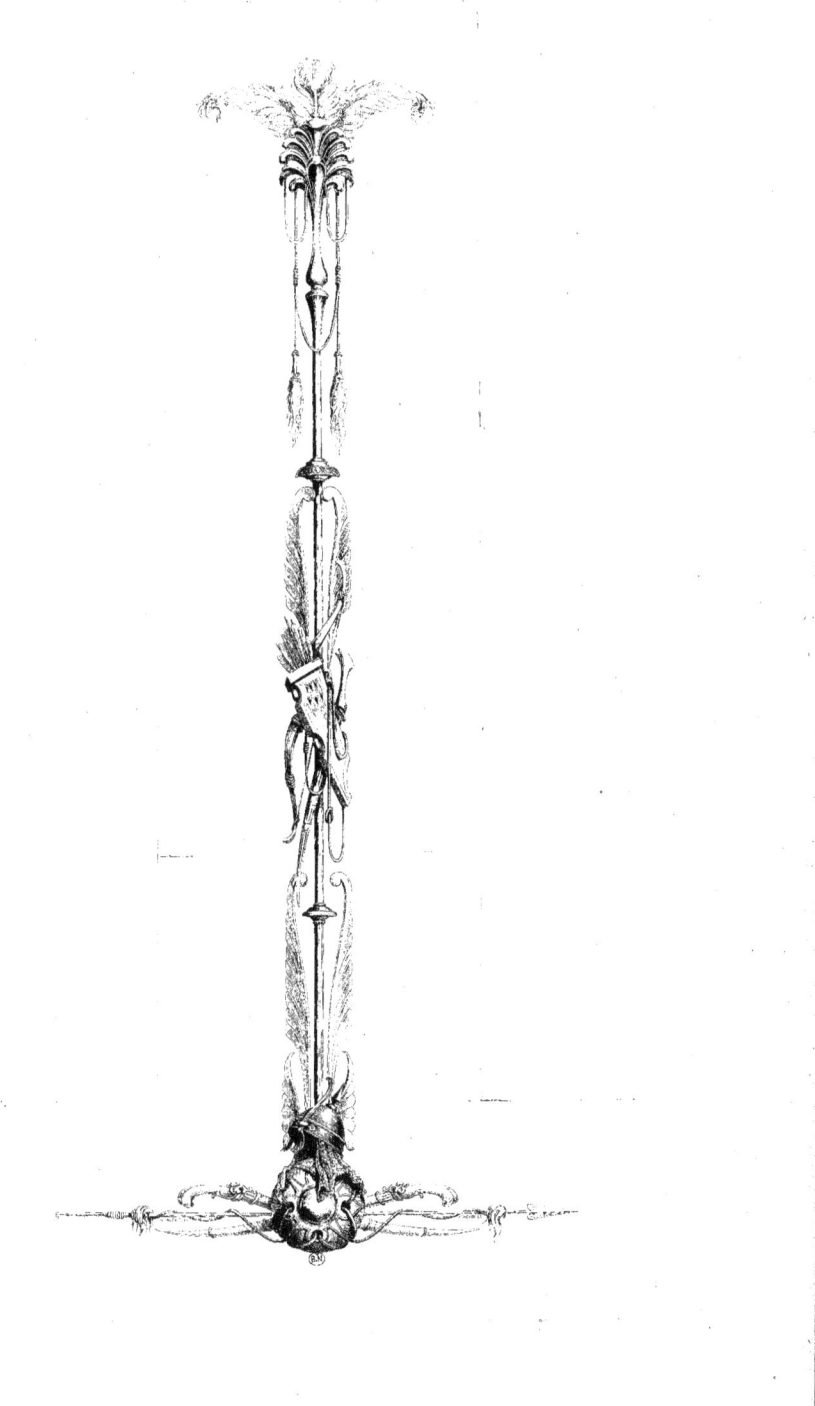

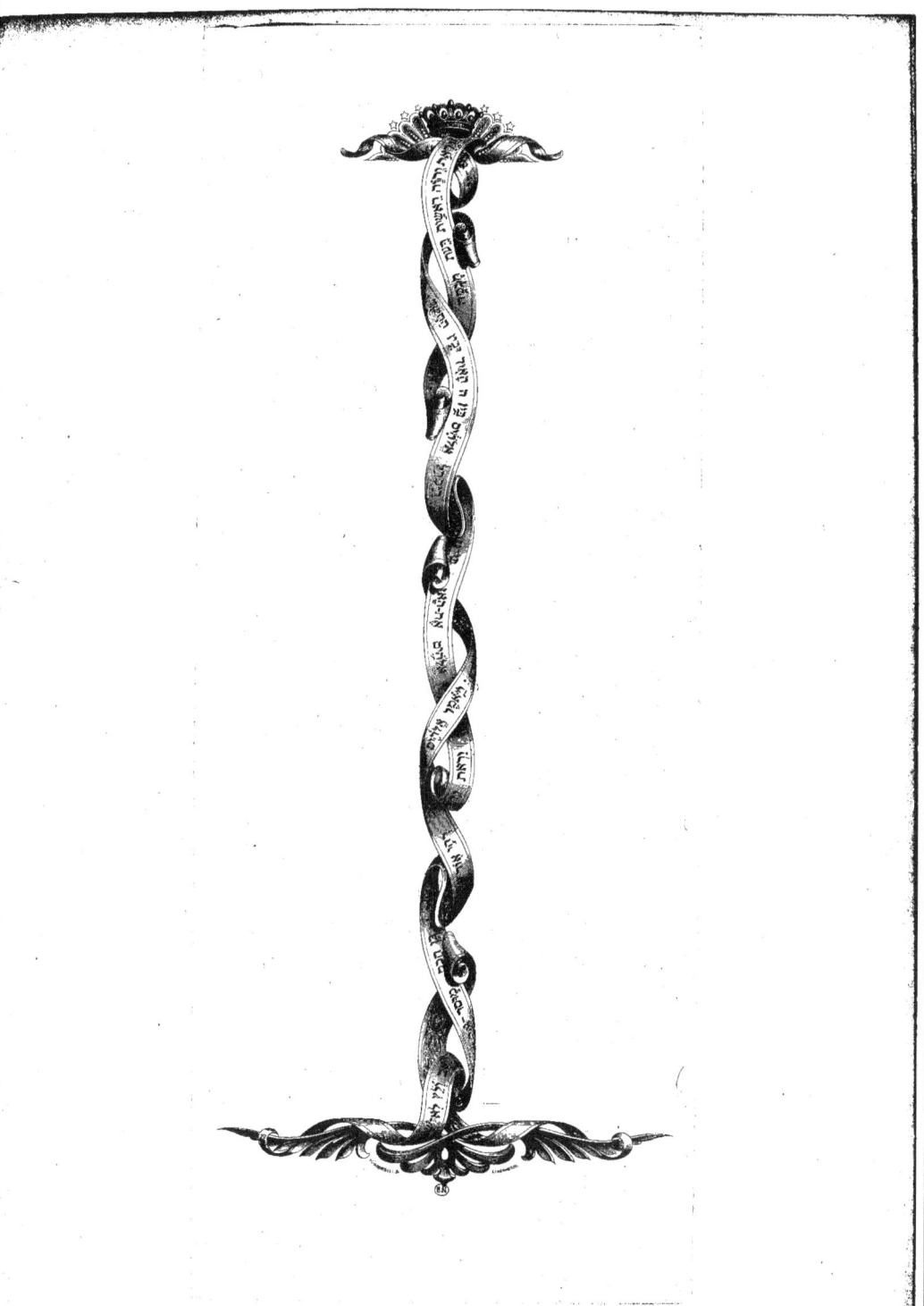

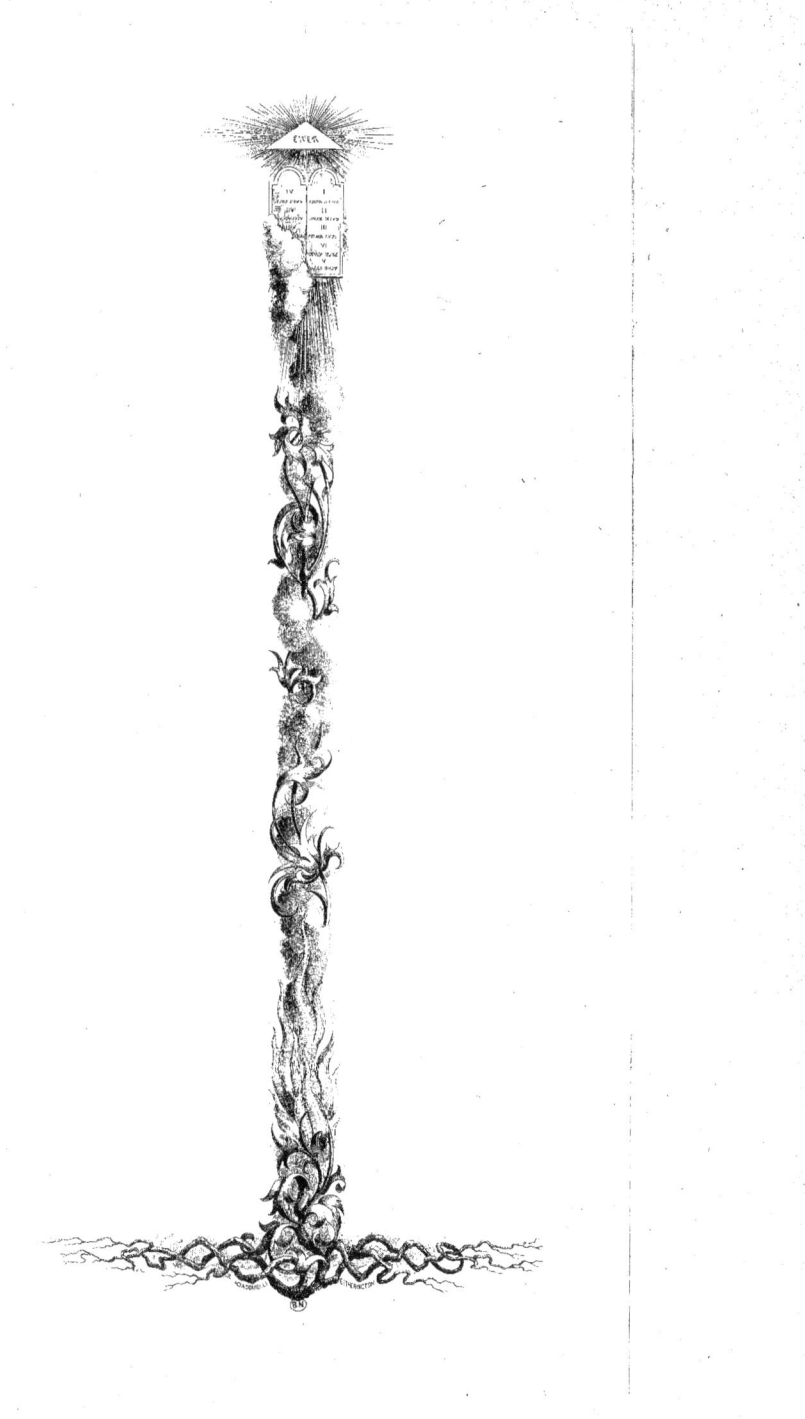

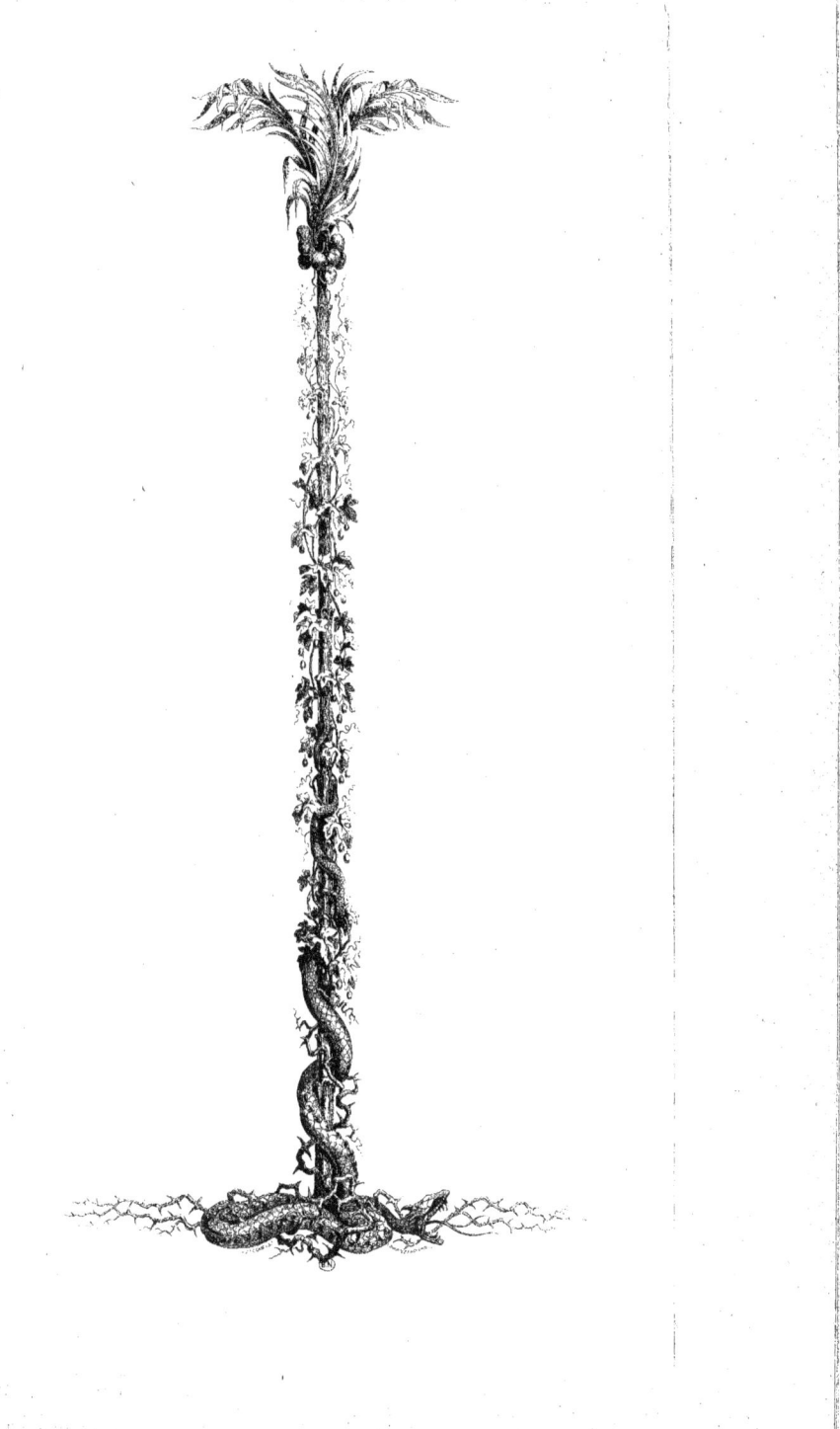

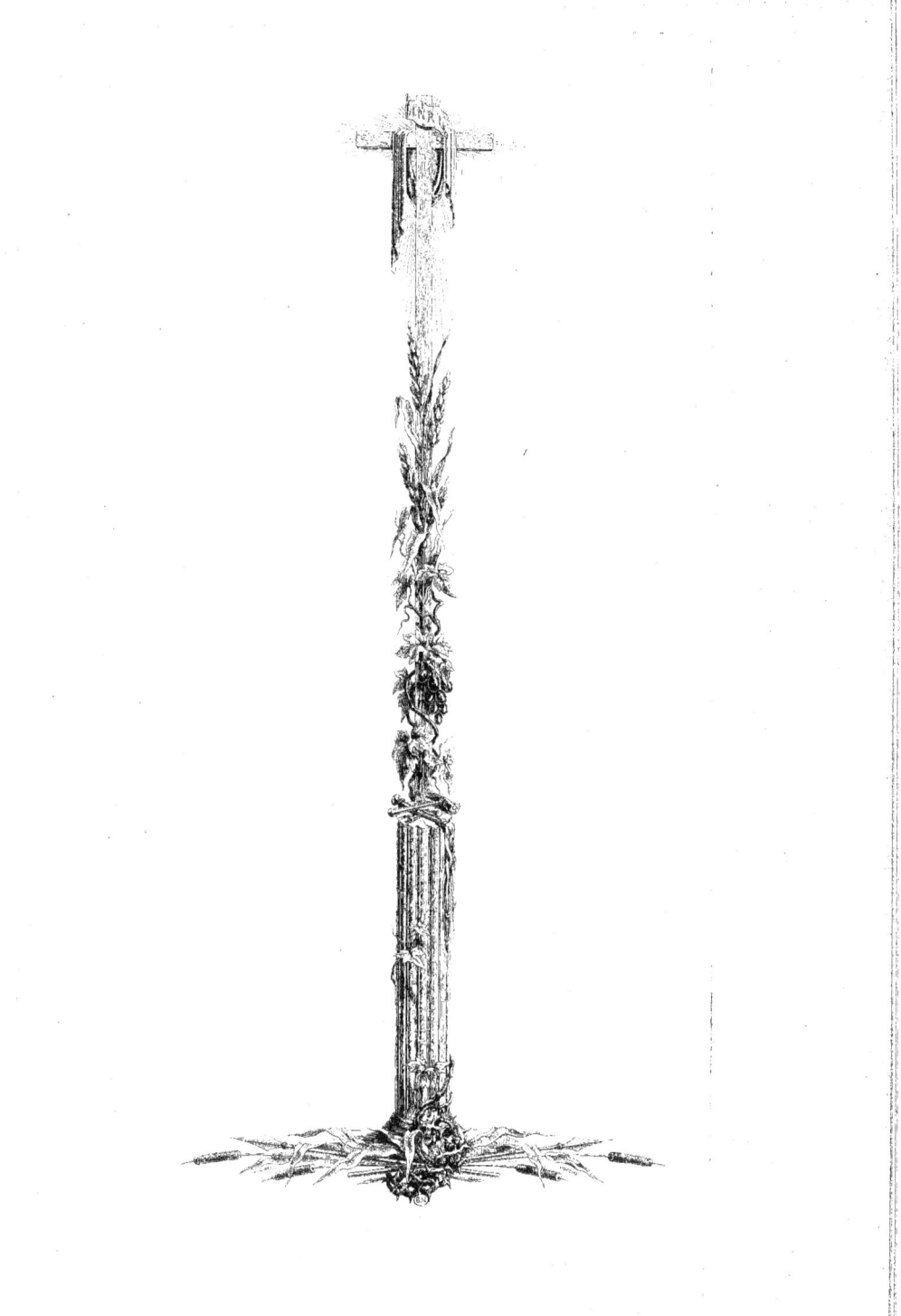

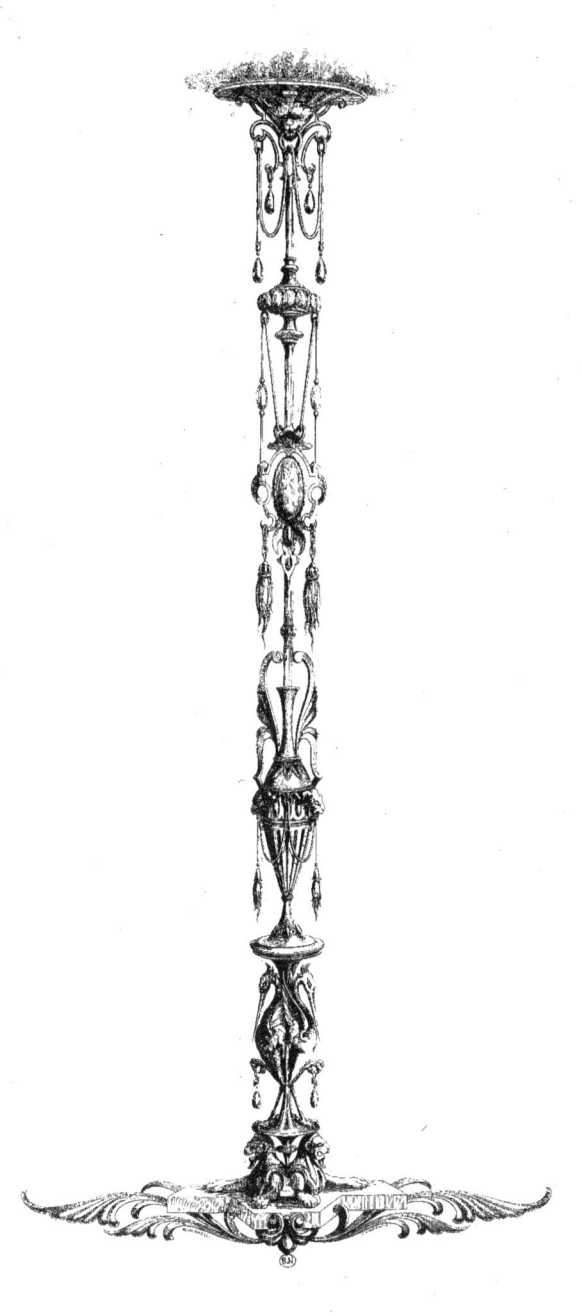

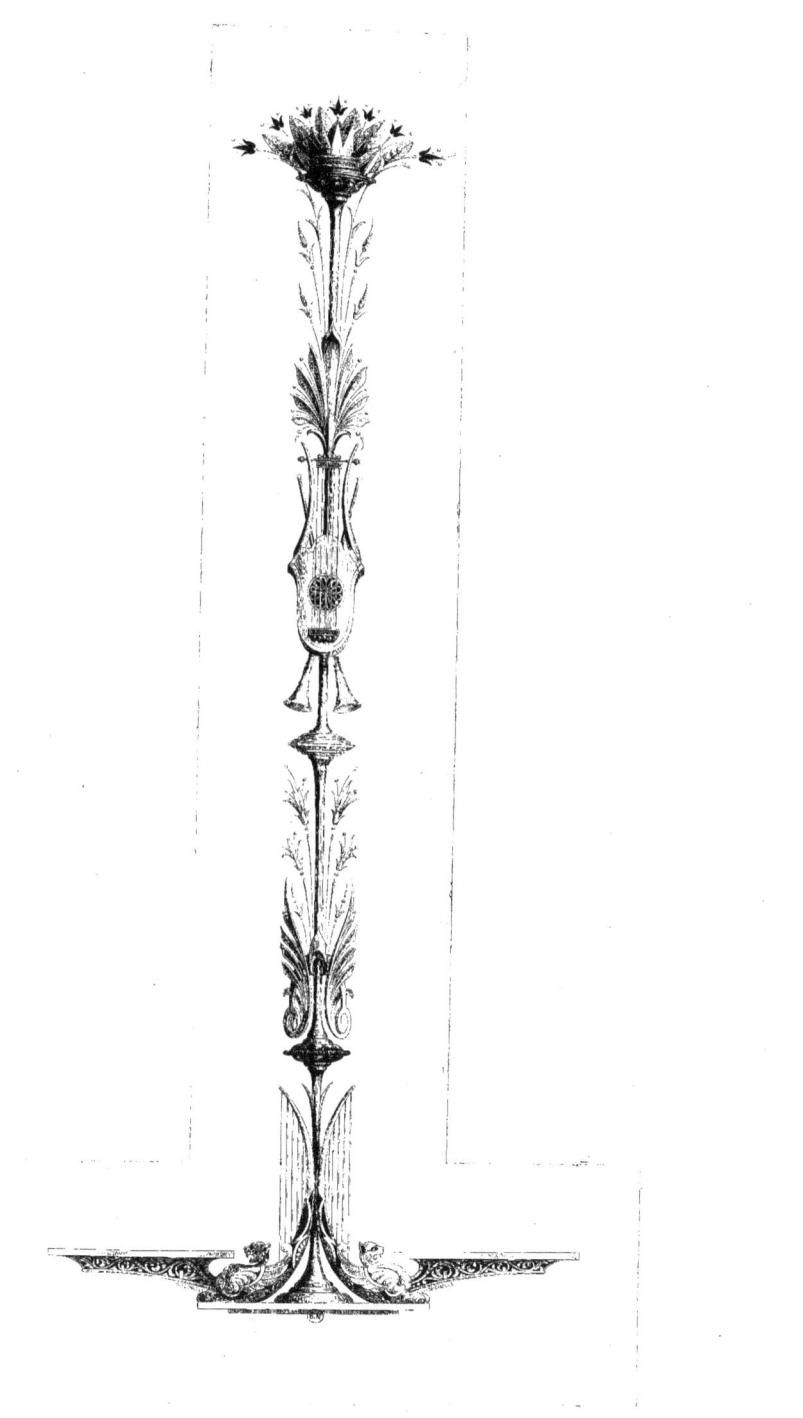

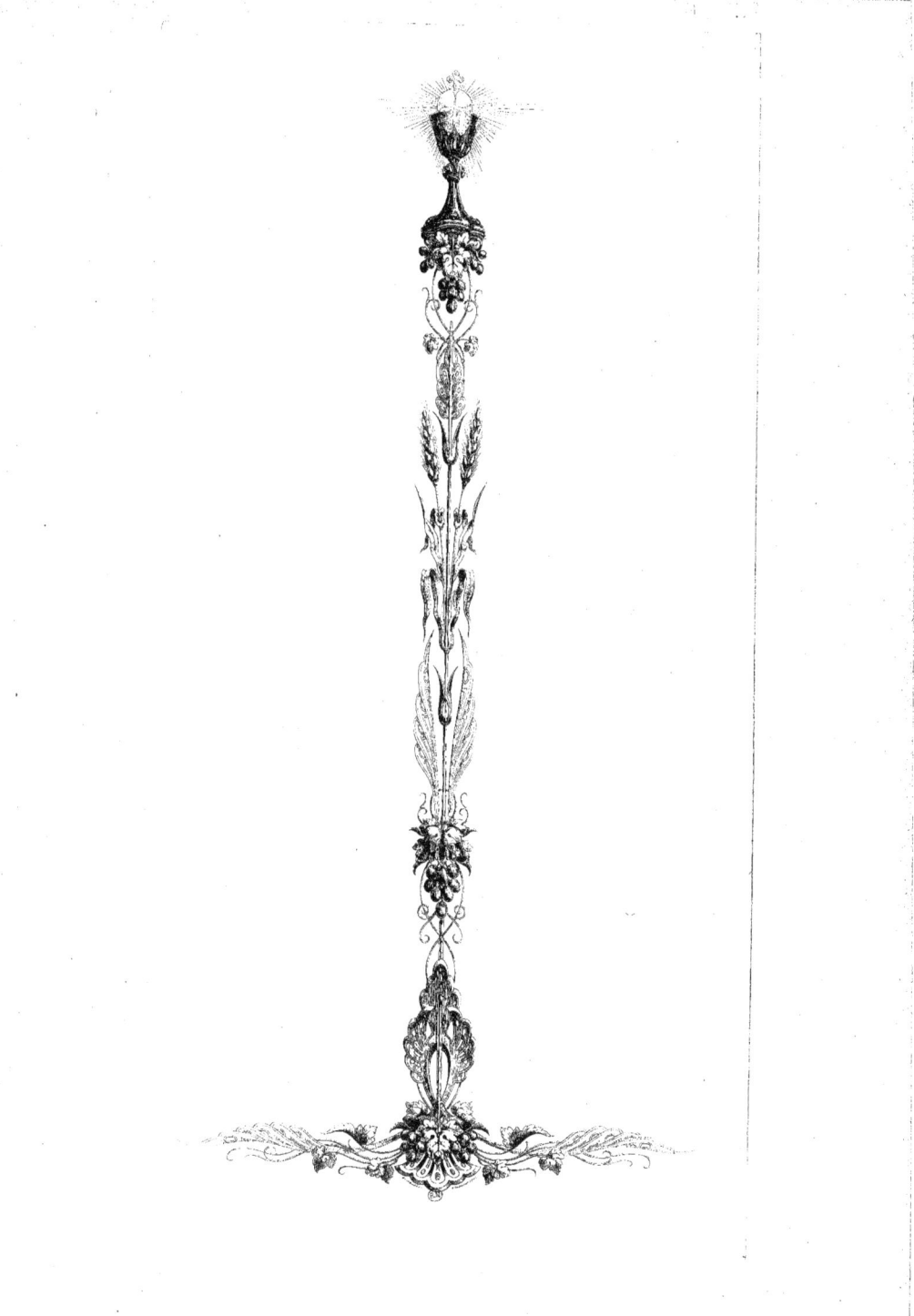

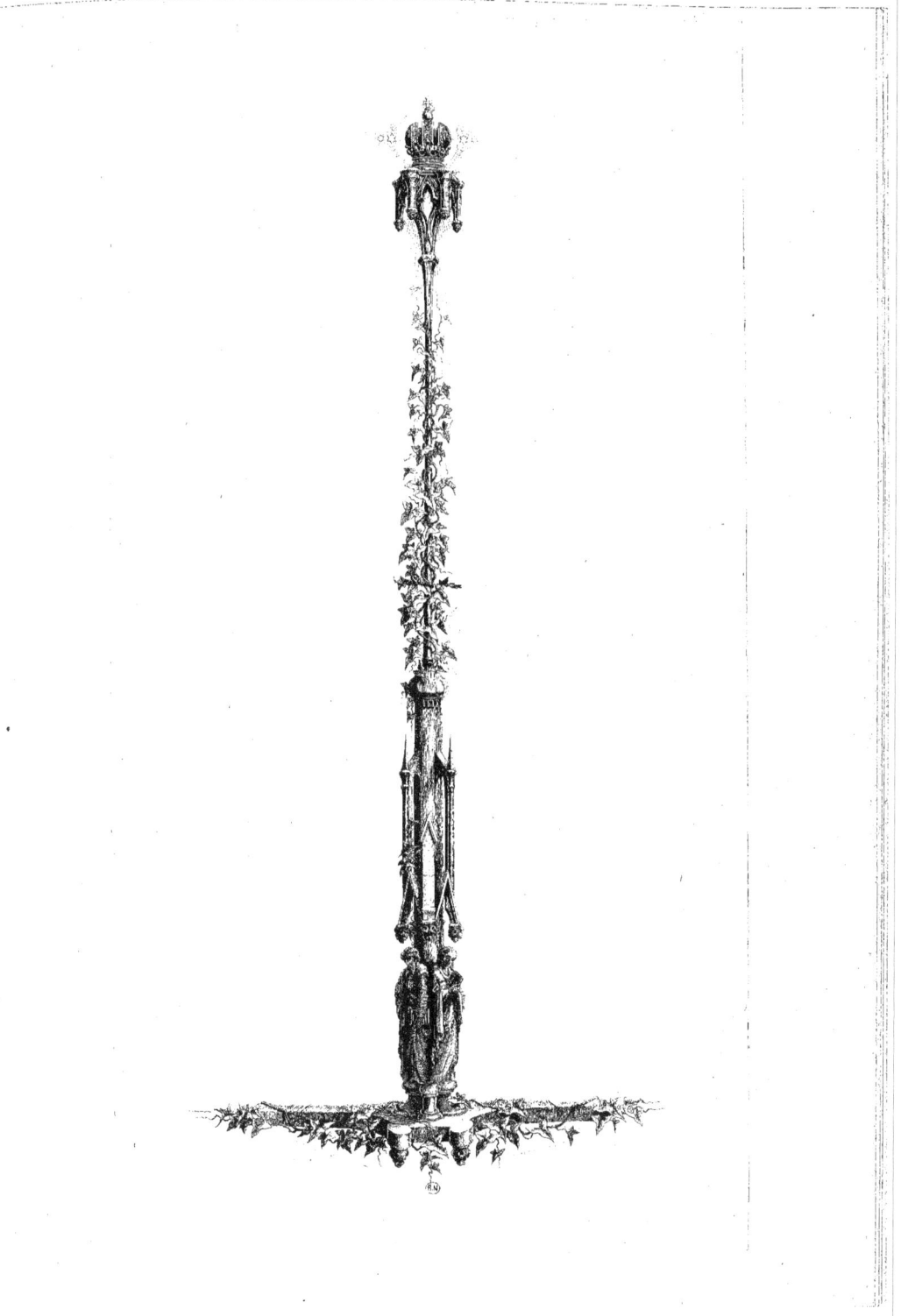

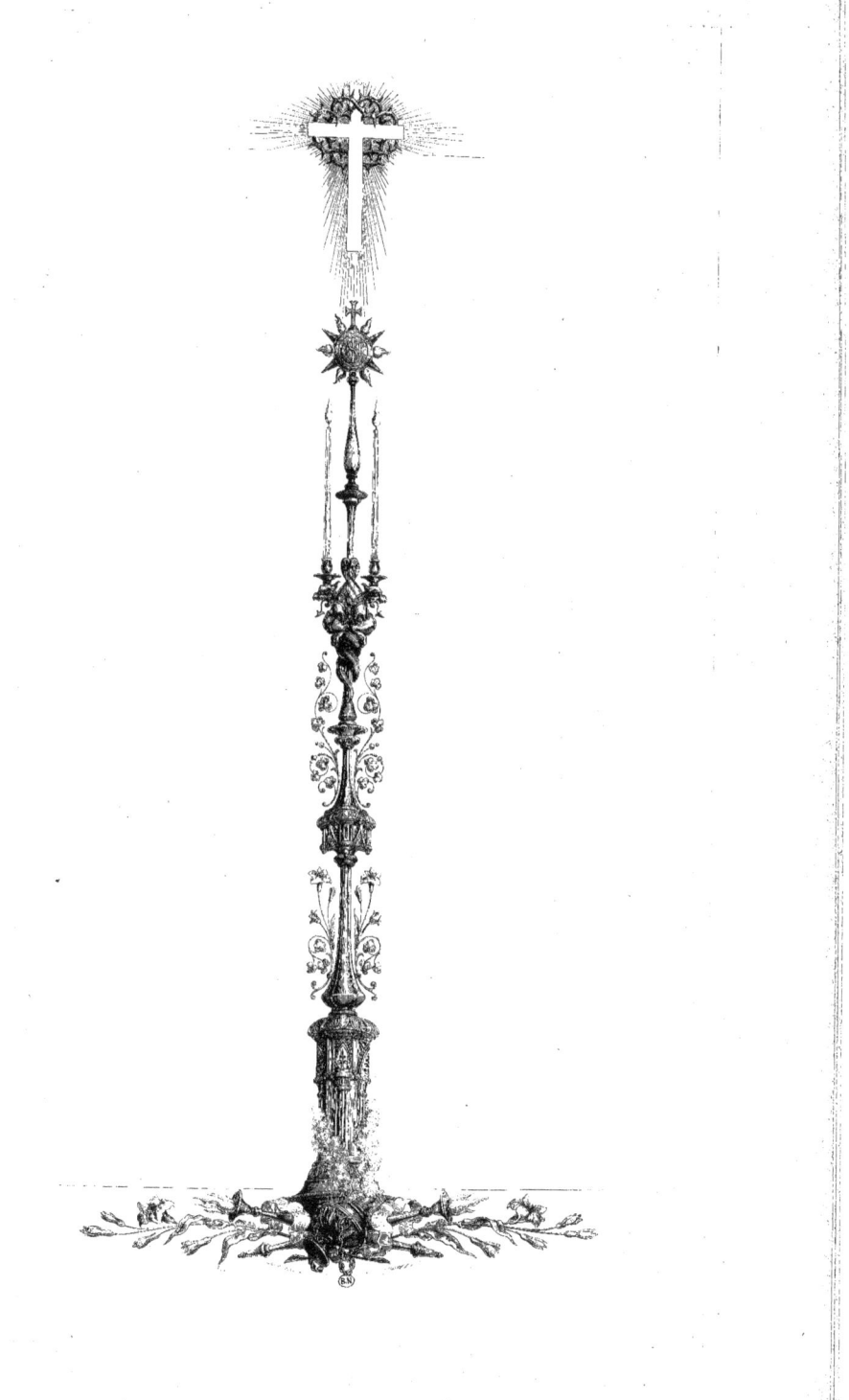

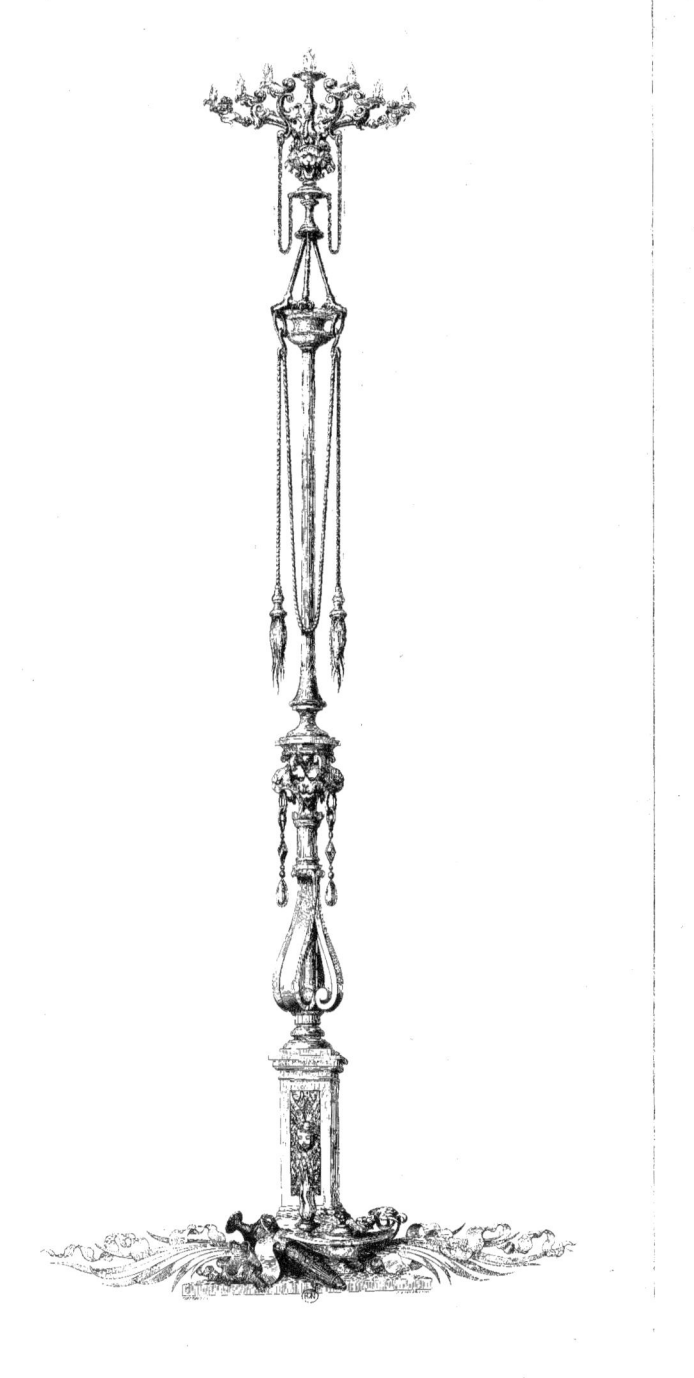

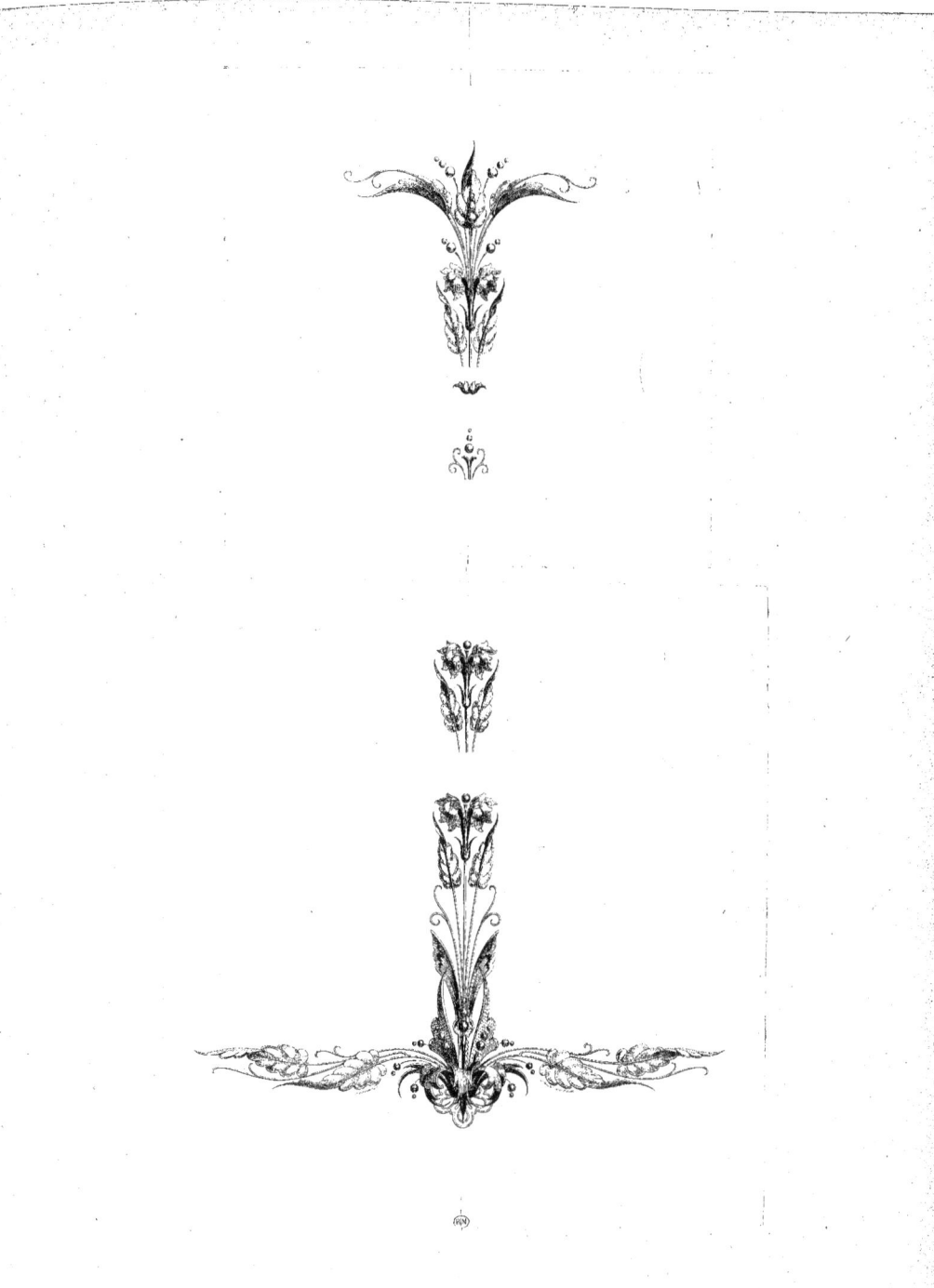

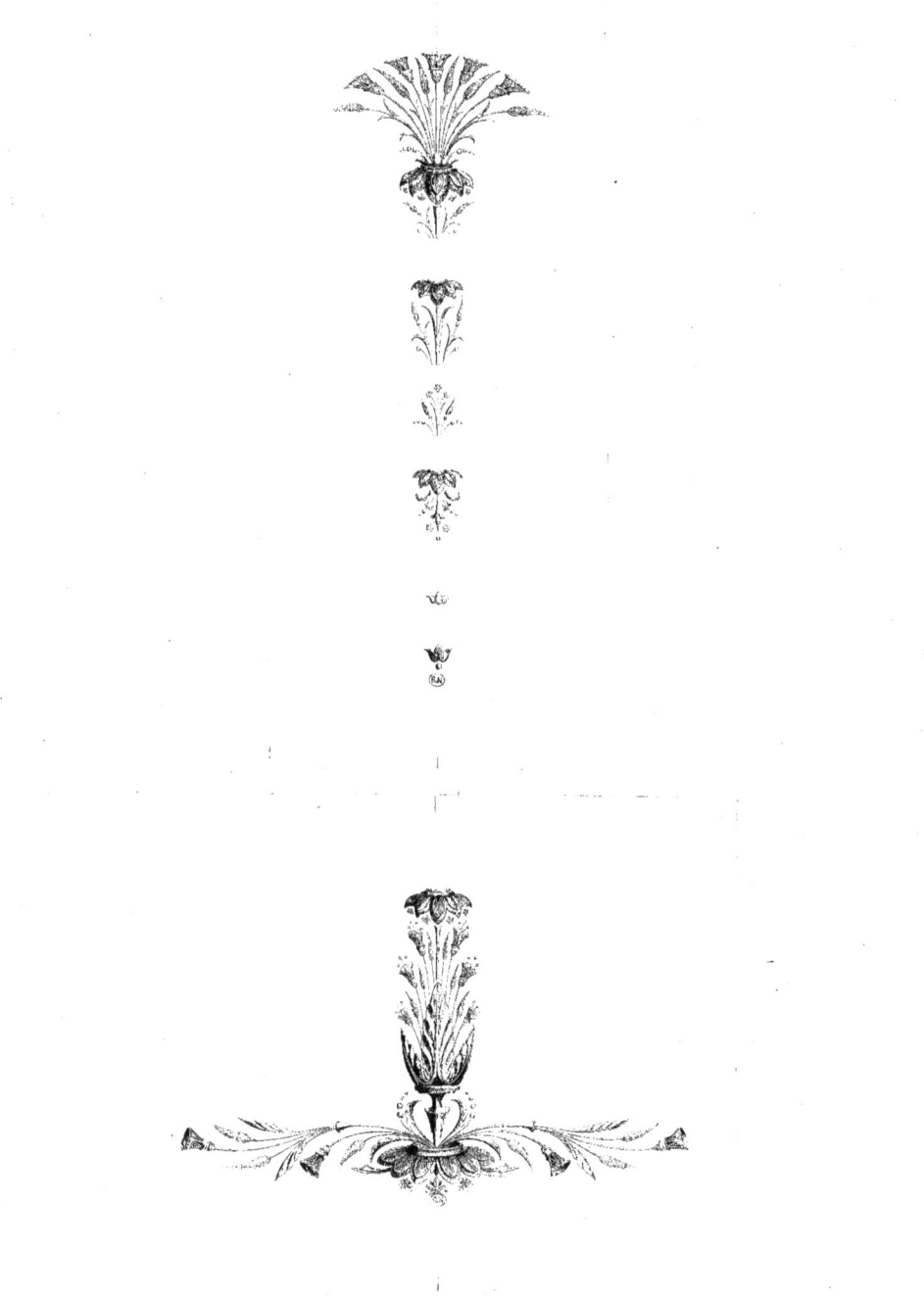

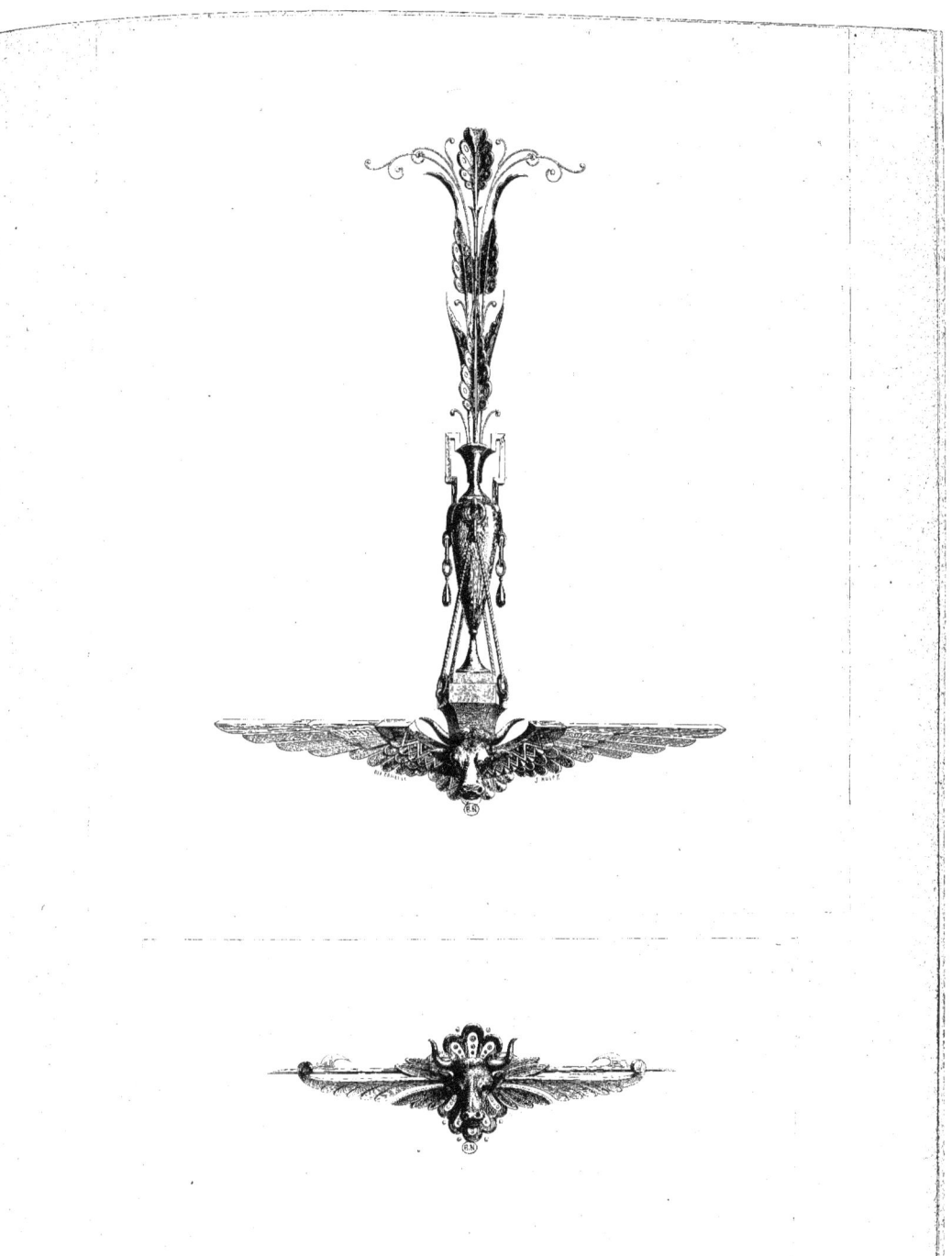

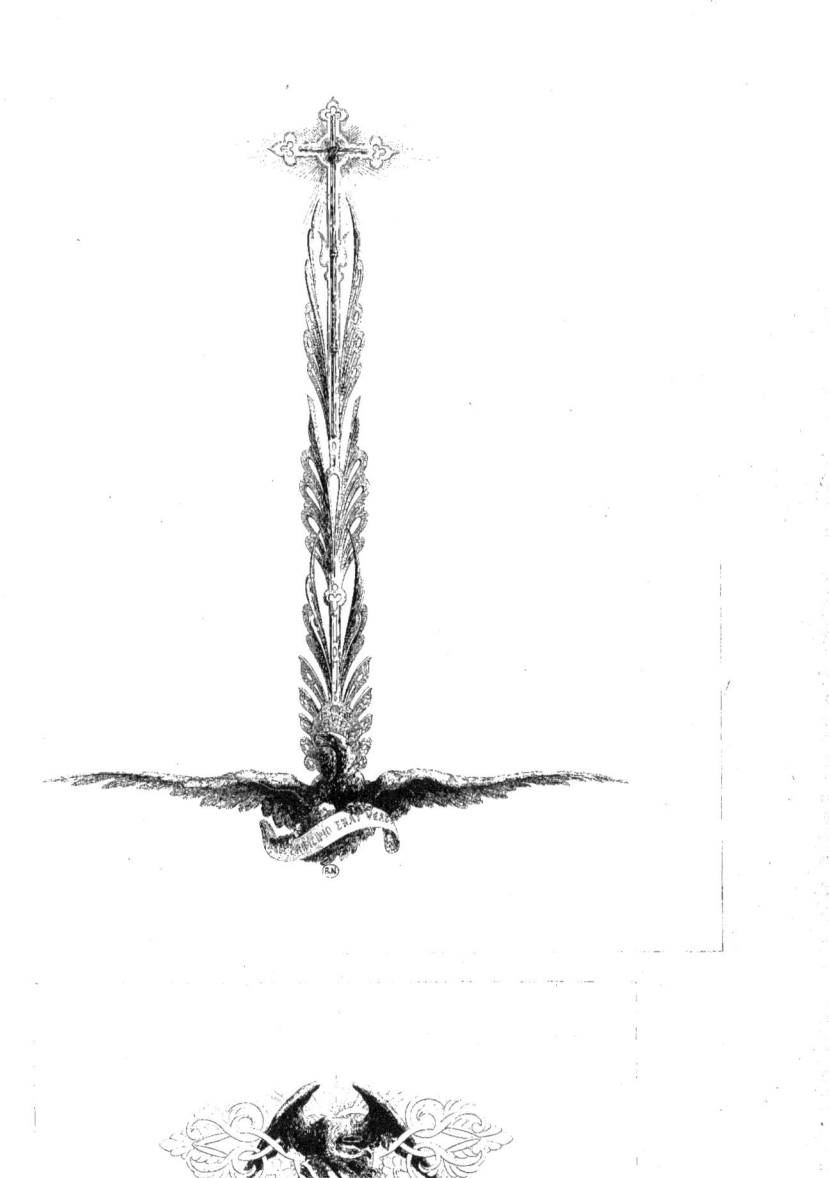

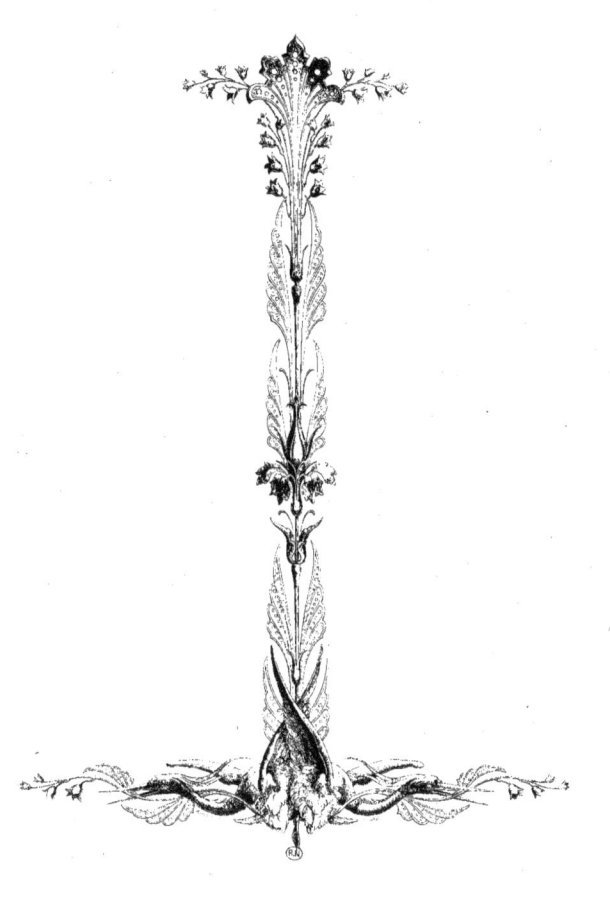

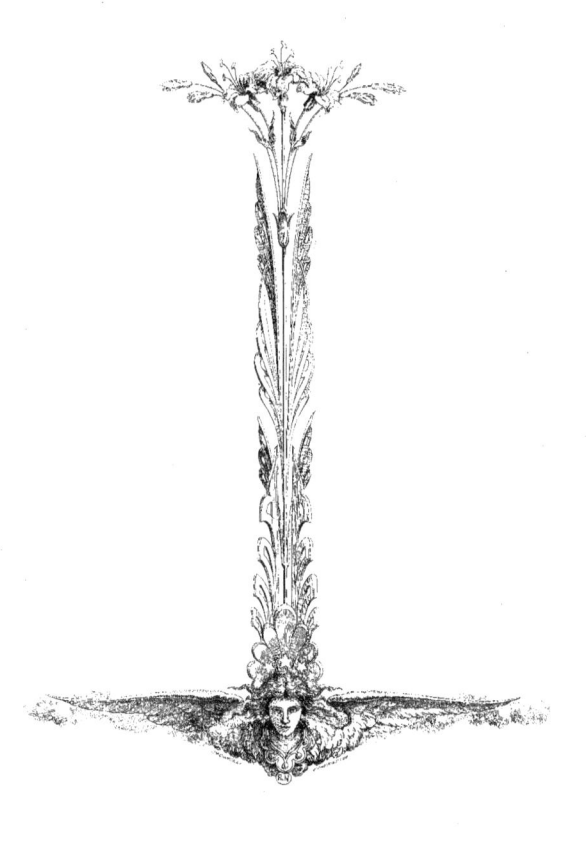
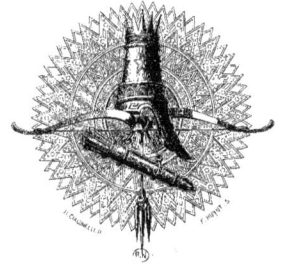

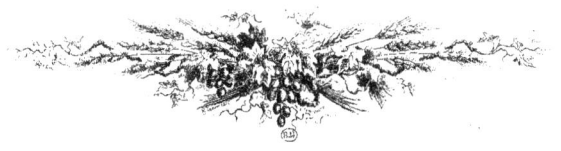

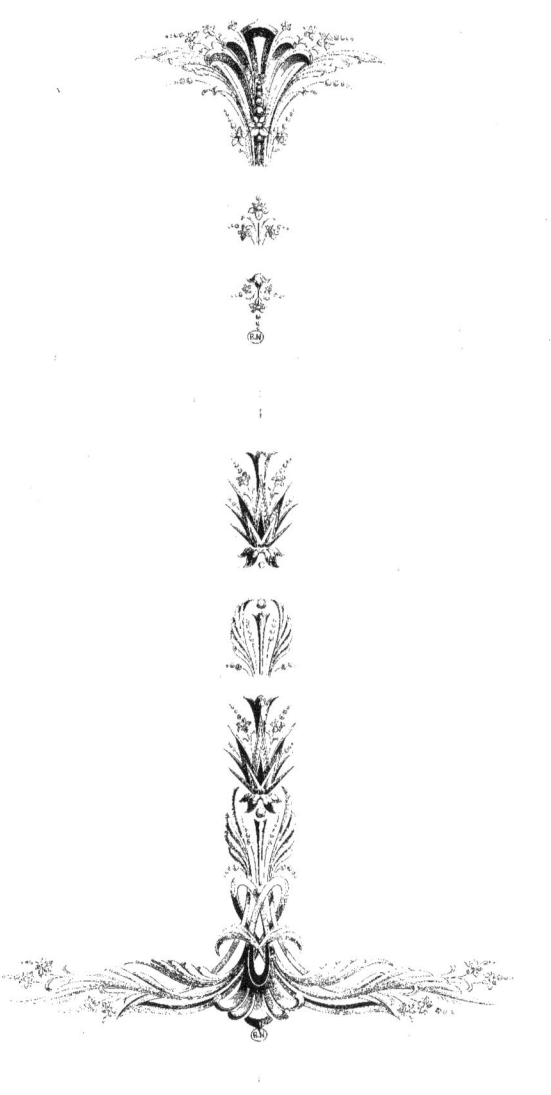

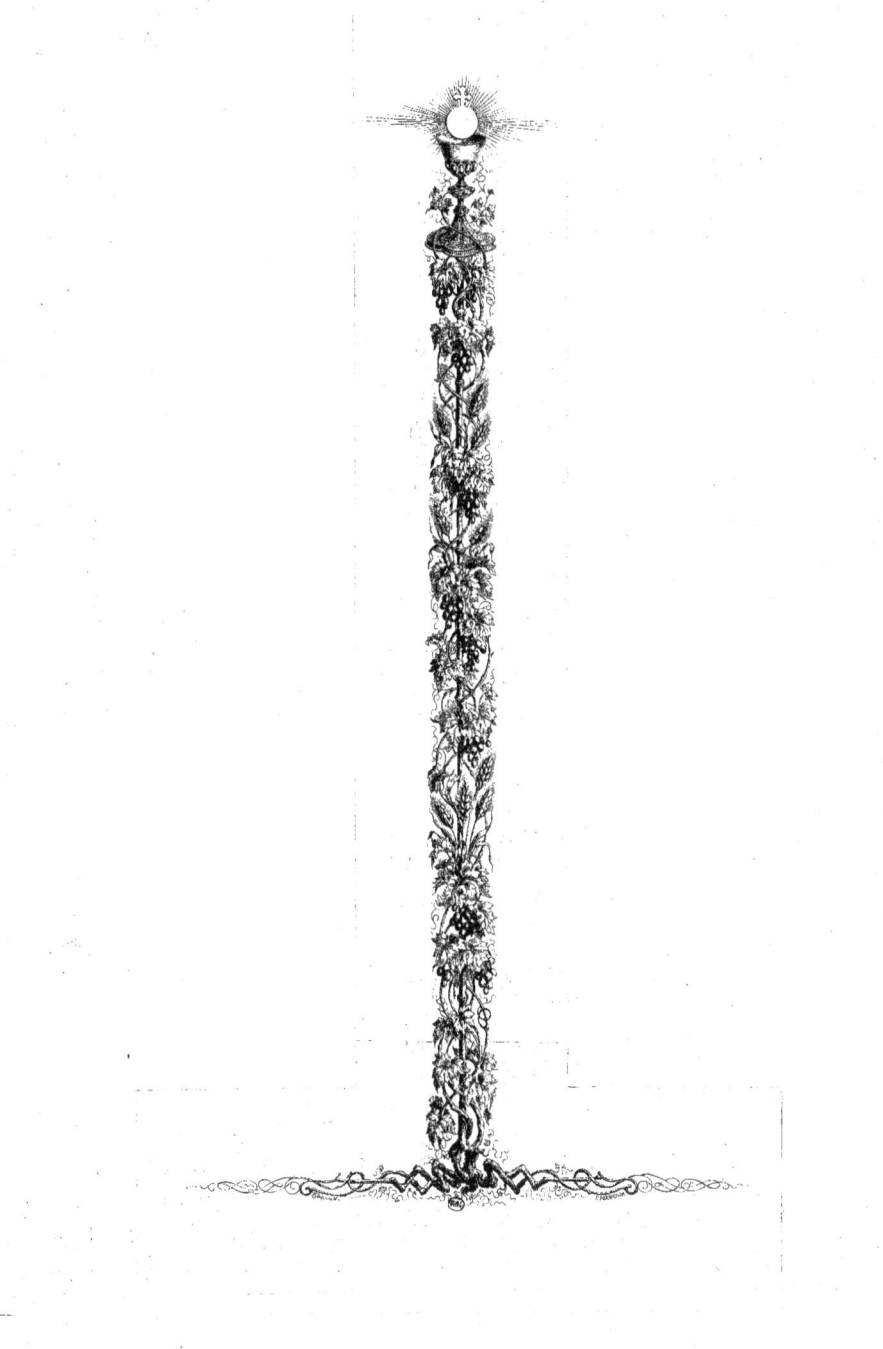

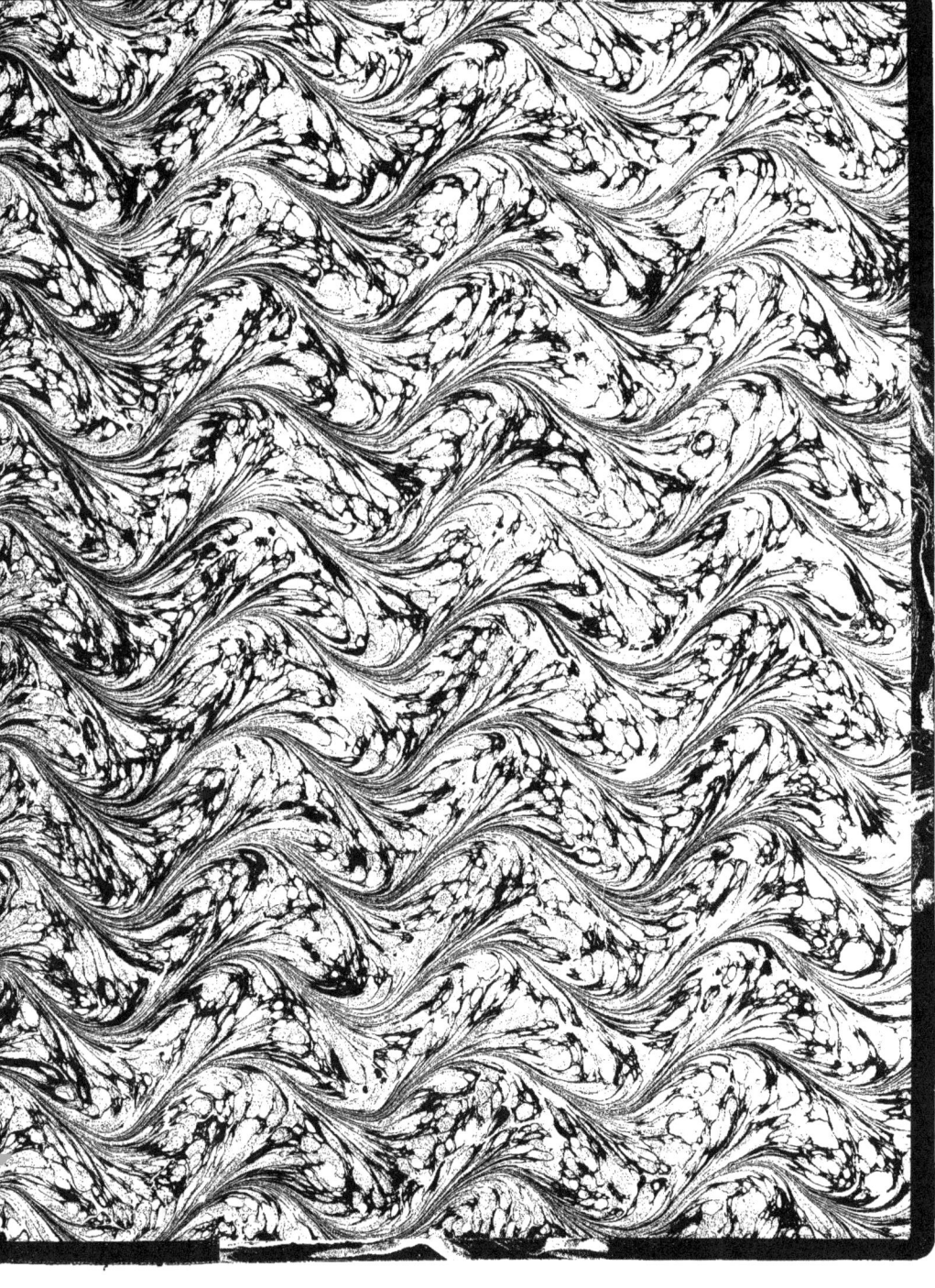

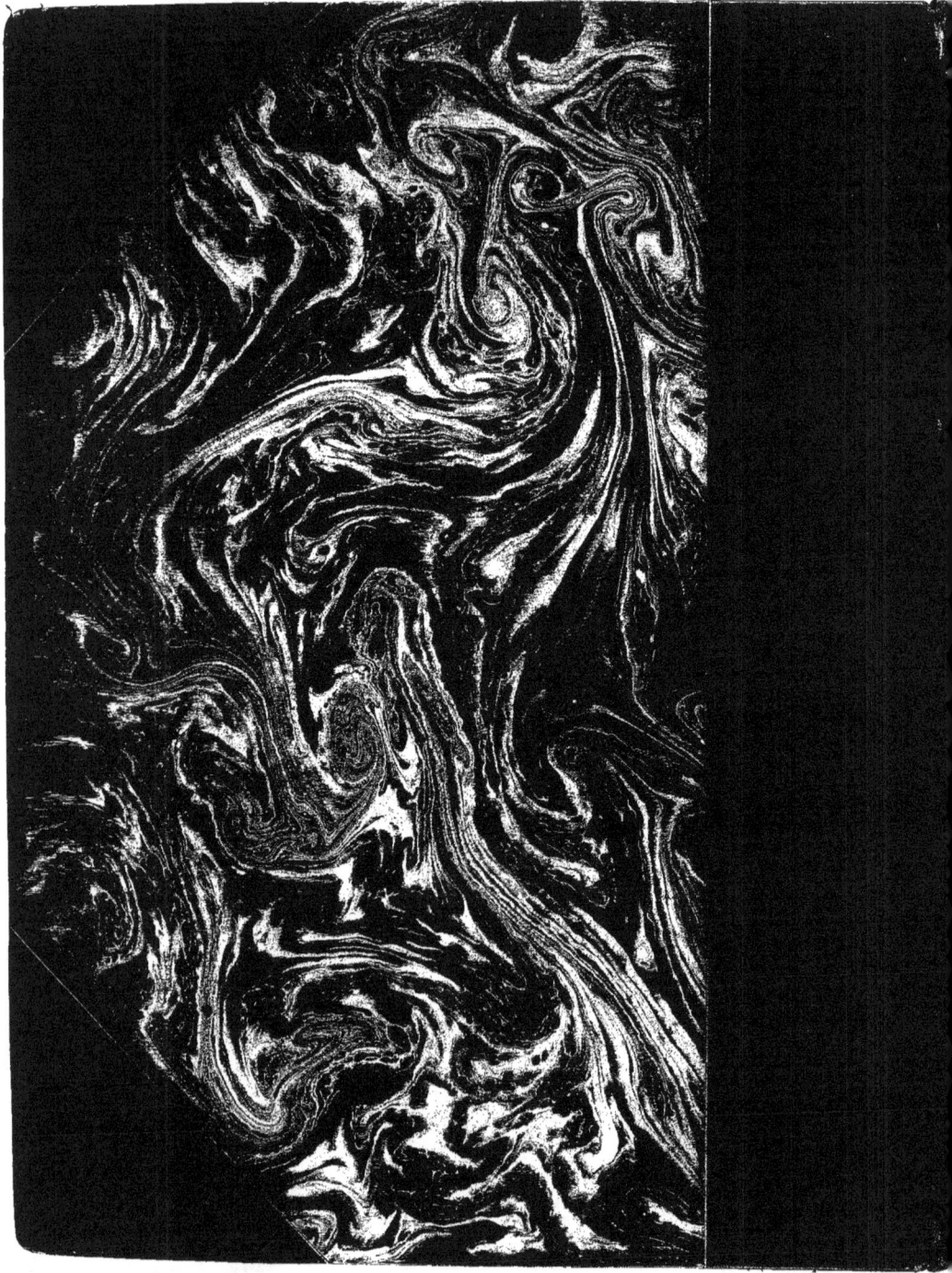

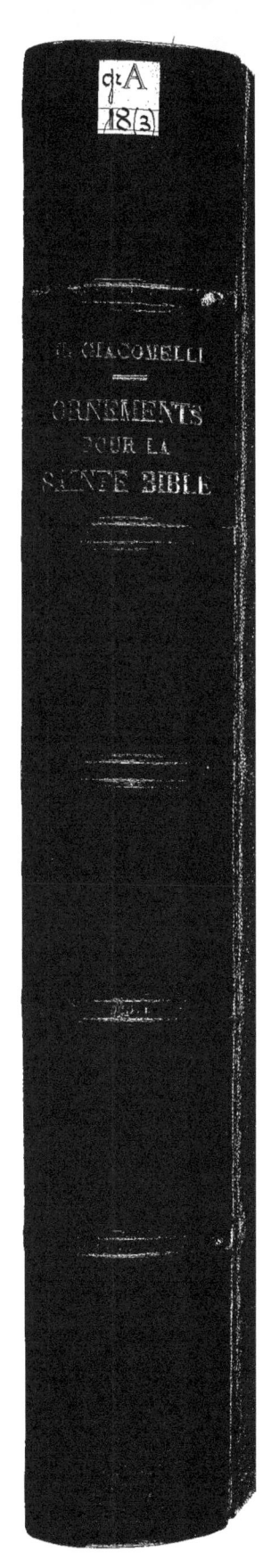

www.ingramcontent.com/pod-product-compliance
Lightning Source LLC
Chambersburg PA
CBHW071941160426
43198CB00011B/1488